當代中國文化

歐陽雪梅 著

本書中的文化是與經濟、政治、社會相對應的一個結構性概念，是指直接滿足人們的精神需要的思想道德、文學藝術、文化事業、文化產業、教育科技、宗教文化等內容。本書重點介紹新世紀以來當代中國的思想文化建設，人民文化權益的保障，新道德、新風尚的鑄造，文學藝術的發展，教育、科技、哲學社會科學的進步，文化遺產的保護傳承，宗教文化發展的現狀，文化產業的格局以及對外文化交流的狀況，等等。

當代中國文化根植於中華傳統文化的沃土，立足於當代社會。五千年中華文化的深厚底蘊和世界文化的繁榮發展，為當代文化建設提供了豐富的歷史文化資源；中國化的馬克思主義，尤其是中國特色社會主義理論體系的豐碩成果，為文化建設提供了寶貴的思想資源；新中國成立以來，特別是改革開放以來，中國以持續發展的經濟實力和科技競爭力及國際文化交流，推動了文化的現代生產、傳播、消費，增強了文化的力量；全社會重視、參與文化建設的熱情日益高漲，為文化建設營造了良好的社會氛圍；人民群眾快速增長的精神文化需求，為文化發展拓展了巨大空間；中國的國際地位和影響力顯著提高，二十世紀後期以來世界文化的多元性理念越來越受到重視，為中華文化走出去提供了重要契機，當代中國文化的

發展面臨難得的歷史機遇。中國將文化建設納入中國特色社會主義事業總體布局，並與經濟建設、政治建設、社會建設和生態文明建設五位一體，大大提升文化的地位；把民族文化的發展放在現代視野中，推動中華文化的現代化轉換，建設社會主義核心價值體系，突出中華文明時代特色；發展面向現代化、面向世界、面向未來的，民族的、科學的、大眾的中國當代文化。

當代中國文化發展是中華文明進步的重要標誌，當代中國文化建設的成就有目共睹。推動文化共享，普通勞動者的文化和受教育權利得到高度重視和伸張：中國在文化體制改革的基礎上，建成了世界規模最大的公共文化服務體系，建設起世界最大的廣播電視互聯網，文化的觸角延伸到九百六十萬平方公里遼闊大地的最基層的自然村、最遙遠的邊寨；曾經文盲率達百分之八十的大國，已經實現高等教育的大眾化；中國出版有世界最多的書報雜誌，位居世界第一大電視劇生產國和第三大電影生產國，主要文化產品和文化服務規模已位居世界前列；文化融入國民經濟和社會發展，文化產業成為國民經濟新的增長點，並提升品牌價值，增加物質產品和現代服務業的附加值和文化含量。一九九九年，「文化產業」一詞才進入中國人視野，而到了二〇一三年，中國文化產業增加值達到二點一萬億元，占國民生產總值的百分之三點七七，文化產業對當年經濟總量增長的貢獻逐年加大。

中國文化的發展提高了全民族思想道德素質和科學文化素質、促進了人的全面發展，顯著增強了國家文化軟實力，為中國經濟社會的發展發揮了不可替代的重大作用。中國已經逐步進入國際創新網絡，並在科技前沿占有重要地位。

目錄

第一章

新中國文化建設與改革

新中國成立後，在國家發展中追求物質經濟和精神文化的全面進步。一九四九年九月，在中國人民政治協商會議第一屆全體會議上，新當選的中央人民政府主席毛澤東指出：「隨著經濟建設的高潮的到來，不可避免地將要出現一個文化建設的高潮。中國人被人認為不文明的時代已經過去了，我們將以一個具有高度文化的民族出現於世界。」國務院總理周恩來作過一個形象的比喻：「經濟建設和文化建設，好像一輛車子的兩個輪子，相輔而行。」

新中國文化事業的構建

　　新中國成立之初，百廢待興，建設適應新的經濟和政治發展要求的文化教育事業是文化建設的首要任務。具有臨時憲法性質的《中國人民政治協商會議共同綱領》明確提出建設「民族的、科學的、大眾的文化教育」。

改造舊有文化事業，建立並發展新的文化機構和設施

　　建國初期，中國除了沿海一些大中城市有為數不多的文化設施外，其他廣袤的國土上缺乏像樣的文化設施，特別是農村和少數民族地區的文化

▲ 人民出版社是一家綜合出版社，主要出版哲學和社會科學的書籍。該社成立於一九五〇年十二月。

生活極端貧乏。剛剛建立的新政府努力恢復並初步整頓了舊有的各種文化事業，建立並發展新的適合群眾需要的文化機構和設施。國家特別注意發展廣大農村、工礦、邊疆和少數民族地區文化藝術事業，逐步建立起全國性的文化網。從一九五三年起，文化事業建設開始納入國民經濟社會發展的五年計劃，堅持至今。

對舊有文化事業進行有步驟的、謹慎的改造。最典型的是團結舊藝人、改造舊戲、改革管理體制。中國戲曲形成於民間，長期活躍在民間的社火、節日裡，活躍在百姓的日常生活中，是中國最具民族特色和傳統的代表性藝術，民間戲曲團體和戲班子數量龐大。一九五一年四月三日，以著名京劇表演藝術家梅蘭芳任院長的中國戲曲研究院在北京成立，毛澤東親筆題詞「百花齊放，推陳出新」，鼓勵各種戲曲形式同時並存和發展。

▲ 一九四九年七月二日至十九日，第一次中華全國文學藝術工作者代表大會在北平召開，成立了中華全國文學藝術界聯合會。郭沫若當選為全國文聯主席，茅盾、周揚為副主席。

五月五日，周恩來總理簽發戲曲改革的指示，明確提出改戲、改人、改制的原則，發掘整理傳統劇目，剔除舊戲中的各種封建糟粕；對舊有的文藝人才放手使用，在發揮其專長和才能的同時，幫助他們提高政治覺悟和藝術素質；改革舊戲班、舊戲社的不合理制度，建立民主管理體制。中國在學習借鑑蘇聯等國家經驗的基礎上，組建了中國京劇院、中央歌劇院、中央樂團、北京人民藝術劇院等一大批新型文藝院團，地方舊戲社也變成了國營文藝團體，藝人生活有了保障。

一九四九年七月，第一次中華全國文學藝術工作者代表大會召開，成立了中華全國文學藝術界聯合會以及各藝術領域協會，動員廣大文藝工作者積極參加新中國文化藝術事業。一九五三年初，全國文學藝術工作者聯合會、作家協會及美術、音樂、戲劇、電影、舞蹈等協會進行了改組，各省市建立包括各種文藝工作者的聯合會。新中國開始引進芭蕾舞、交響樂、歌劇、油畫等許多西方古典藝術門類，建立了藝術教育體系，培養了大批優秀文藝人才。

建立現代教育制度，普及基礎教育

中國古代有良好的教育傳統，中國古老的科舉制度也為西方一些國家所借鑑，有漢學家稱：「這個在世界史意義上的獨特制度培養並創造了優異階級，該階級在世界史上是獨一無二的。」[1]但是，在一九四九年前的中國，占人口大多數的貧苦大眾沒有受教育的機會，全社會文盲率極高，農村的文盲率更是高達百分之九十五以上。根據當時國民黨政府教育部的

1　《中華文明震撼了我（上）》，《光明日報》2013 年 9 月 1 日。

◀ 孔子像

統計，全國各級各類學校學生僅占全國人口的百分之五點六，高等教育毛入學率僅為百分之零二六。《中國人民政治協商會議共同綱領》提出：有計劃有步驟地實行普及教育，加強中等教育和高等教育，注重技術教育，加強勞動者的業餘教育和在職幹部教育。一九四九年十二月，教育部召開第一次全國教育工作會議，確定了逐步改革舊教育的方針、步驟，確定了教育必須為國家建設服務、學校必須向工農開門的總方針，高度重視教育改變、提升人的素質的作用。

新中國的教育採取兩條腿走路，一是為徹底改變在舊中國廣大工農群眾及其子女被剝奪受教育的權利和機會的狀況，使許多過去無緣接受教育的成人獲得不同程度的文化教育。二是建設正規現代教育體系，把幼兒教

▲ 二十世紀五〇年代，在東北工程學院附設工農速成中學學習的全國勞動模範、女司機田桂英向低年級同學介紹學習經驗。

育正式納入教育系列，小學改為五年一貫制，中學完善初、高中教育制度，高等學校設專修科、專科、本科和研究部。各類學校互相銜接，為迅速開展的國家建設培養和輸送人才。所有高等學校、中等技術學校、師範學校和工農速成學校學生的學習生活費用均由國家供給，各中等學校對有困難的學生發放人民助學金並減免學費，保障廣大勞動人民及其子女享有受教育的權利。此外，國家還選派留學生和實習生去蘇聯和東歐學習，以培養國家建設需要的高級領導骨幹和新技術專家。

舊中國高等院校數量少，分布也不合理。一九五一年下半年開始，全國高等院校進行有計劃的全面調整，調整的總方針是：以培養工業建設人才和師資為重點，發展專門學院與專科學校，整頓和加強綜合性大學，逐

▲ 近年來，廣西靖西縣加大對義務教育的投入，進一步改善辦學條件，切實解決邊陲少數民族貧困學生「入學難」的問題。

步創辦函授學校和夜大學，從各方面為大量吸收工農分子進入高等學校創造條件。為適應國家工業化建設需要，一些院校新增了原子能、半導體、電子學、自動化等新技術專業。

　　文化向大眾敞開大門，徹底打破了中國過去由知識菁英壟斷文化的格局。到一九五二年，工農成分的學生在初等學校中已占到百分之八十以上，在中等學校中占到百分之六十左右，在高等學校中占到百分之二十以上。

　　為了改變少數民族地區文化教育落後狀況，培養少數民族幹部，中國共產黨和政府對少數民族的教育格外重視。一九五一年八月，教育部召開第一次全國民族教育會議，決定除加強少數民族地區、少數民族人口的小

學教育、成人教育外，還在北京及全國若干城市設立民族學院、民族幹部訓練班和民族幹部學校。各類高等學校對少數民族考生則實行優先錄取政策。國家在經費、師資等方面對少數民族教育也予以特殊照顧。凡有通用文字的民族，均採用本民族語言教學。一九五二年四月，政務院頒發《關於建立民族教育行政機構的決定》，要求在中央人民政府以及有關各級地方人民政府的教育行政部門中，設立民族教育行政機構或設專人負責民族教育事宜。

大力發展科技事業

舊中國的科技事業不僅研究水平落後，而且機構殘缺不全，人才匱

▲ 中國科學院是中國最高學術機構，是中國自然科學與高新技術的綜合研究與發展中心。

乏，經費拮据。一九四九年，全國科技人員不超過五萬人，其中自然科學的專門研究人員不超過五百人，專門研究機構僅有三十多個。一九四九年十一月一日，新中國建立中國科學院，作為國家最高學術領導機關和重點研究中心。一九五〇年，政務院頒布了《關於獎勵生產的發明、技術改進及合理化建議的決定》，並成立了中華全國自然科學專門學會聯合會（簡稱「全國科聯」）和中華全國科學技術普及協會（簡稱「全國科普」）兩個全國性學術團體。建立了一批圖書館、出版社，創辦了各類學報，初步確定了學術職稱評定，建立了培養研究生制度，設立了自然科學獎金。經過幾年發展，到一九五五年底，全國科學技術人員已達四十餘萬人，專業的科研機構超過八百個，中國已建立起比較完整的科研組織體系和科技基礎設施。

保護文化遺產

在世界四大古文明（埃及文明、古巴比倫文明、中華文明、印度文明）中，唯有中華文明從未被外來文化所中斷。新中國成立前的一九四八年十一月底，平津戰役打響，為保護北平這座著名文化古都，中國共產黨在軍事上採取了「打談結合、以打促和」的方針，力爭北平免於戰火，並請古建專家梁思成在地圖上標出北平重要文物和古建築的方位，以防止因炮擊損毀。在各方努力下，北平和平解放，文化古蹟得以保存。一九四九年解放大軍南下，五月七日，周恩來致信中宣部，明令要求前線解放軍部隊，對浙江南潯鎮劉氏嘉業堂藏書樓和太原城內藏有南宋雕刻磧沙版大藏經的普善寺「特予保護」。前者為私家藏書樓，藏書多達六十萬卷。據此，中宣部專門編印了《全國古建築文物簡目》，分發給解放軍各部，要

求重點加以保護。許多文化古蹟名勝因此得以保存。

　　新中國成立後，中央人民政府政務院頒布法令、建立機構，對外禁止盜運、對內嚴禁破壞，改變了中國文物被掠奪、被破壞的歷史。文化部成立文物局，全國各地設有文物考古研究所、博物館、紀念館、古建築保護研究所等文物事業單位，負責本地區的文化遺產調查、發掘、研究、保護以及文物藏品的收藏、保管、研究和展示工作。一九六〇年，國務院通過了《文物保護管理暫行條例》，並公布了第一批共一百八十處全國重點文物保護單位名單。

▲ 浙江省湖州市南潯古鎮的「嘉業藏書樓」是中國近代規模最大、藏書最豐富的私家藏書樓。

新中國初期的文化發展成就

新中國文化方針政策的全面貫徹實施，帶來了文化發展的新局面。

文化事業發展和文藝創作成果斐然

經過三個五年計劃的建設，到 1965 年底，全國出版圖書 20143 種，

▲ 統計顯示，截至二〇〇五年八月，中國平均四十五點九萬人才擁有一所公共圖書館。公共圖書館藏書僅四億冊，人均零點三冊，遠遠低於國際圖聯人均二冊的標準。

總印數 21.71 億冊，比 1950 年的圖書品種數增長了約 1 倍，圖書供給量增長了 7.8 倍。全國專業藝術表演團體發展到 3465 個，比 1949 年增加 2465 個，門類包括民族傳統戲曲、話劇、歌劇、各民族的歌舞、曲藝、雜技、皮影、木偶、芭蕾舞、交響樂等。有劇場 2524 座，比 1949 年增加 1633 座。建立了高等藝術院校 22 所，中等藝術學校發展到 59 所，在校學生達 1.1 萬人。

公益性的文化機構有較大發展，公共圖書館 577 個，比 1949 年增加 522 個，博物館 214 個，比 1949 年增加 193 個。新設置的以搜集、整理、介紹民族民間藝術、研究和指導群眾文藝活動為主要任務的群眾藝術館有 62 個，向縣以下基層單位普及文化藝術、科學知識和輔導群眾業餘文化活動的文化館有 2598 個，文化站 2125 個。全國有廣播電台 78 座、市縣廣播台站 2181 座，全國 96％的縣通有線廣播。1958 年 5 月，中國第一座電視台開播，隨後創建了 13 座省市電視台。電影放映單位 20363 個，從城市普及到鄉村。

全新的時代激發了廣大文藝工作者的創作激情，他們深入生活，創作了一批具有民族形式和風格，反映新時代、新人物、新生活的作品，受到廣大群眾的歡迎。新中國的第一部電影故事片《橋》，勞動者──工人第一次以主人翁的姿態出現在銀幕上。這時期有一系列文藝作品，代表作包括話劇《龍鬚溝》，油畫《開國大典》《江山如此多嬌》，大型音樂舞蹈史詩《東方紅》，歌劇《白毛女》《江姐》《洪湖赤衛隊》，芭蕾舞《紅色娘子軍》，小提琴協奏曲《梁山伯與祝英台》，等等。

這個時期，對中國民族傳統戲曲藝術遺產的整理和革新，也取得了較大成績。僅 1956 年 6 月至 1957 年 4 月，全國就發掘、記錄了上萬個劇

▲ 1964 年，大型音樂舞蹈史詩《東方紅》演出。

目，整理了 4223 個劇目，上演了 1052 個劇目。許多瀕臨滅亡的劇種獲得
了新生，崑劇就是其中的代表。《將相和》《白蛇傳》《十五貫》《楊門女將》
《天仙配》等一批優秀劇目，至今在中國劇院上演。

郭沫若、茅盾、范文瀾、翦伯贊、巴金、老舍、曹禺、趙樹理、徐悲
鴻、齊白石、梅蘭芳等一批社會科學家和文學藝術家蜚聲海內外。

窮國辦大教育

新中國大力普及基礎教育。在中國第一個五年計劃期間，共支出教育
事業費 76.64 億元，教育基建投資 16.22 億元，教育投資占國民總收入的
2.3％、占國家財政支出的 6.9％。到 1965 年，全國小學發展到 168.19 萬

所，在校生 11620.9 萬人，學齡兒童入學率 84.7%；中學發展到 18.102 萬所，在校生 933.79 萬人；職業中學 7294 所，在校學生 126.65 萬；高等學校發展到 434 所，在校生 67.4 萬人。全國文盲比例也由解放初期的 80%以上減少到 43%左右。到 20 世紀 70 年代末，中國城市的文盲率降為 16.4%、農村的文盲率為 34.7%。教育水平大幅度提高，為中國社會主義建設提供了重要支撐，也受到了國際社會好評。法國前總理皮埃爾‧孟戴斯‧弗朗斯說：「在新中國，學校問題顯然占優先地位」。諾貝爾經濟學獎得主阿瑪蒂亞‧森（1998 年獲獎）更是作出了「新中國初期的教育築就了改革開放後中國經濟騰飛的基礎」的論斷，理由是 20 多年的教育既完成了為國家快速工業化提供人才支持，又完成了對廣大普通民眾的普及教育。

科技成就引人注目

新中國迅速造就了一支「數量足夠的、優秀的科學技術專家」隊伍。國家通過留用與教育舊中國留下來的知識分子、爭取和安置歸國專家和培養新一代科技人員三條途徑，來彌補中國科技人才的匱乏，加強科技隊伍的建設。至 1956 年底，共有 1805 名僑居海外的科學家陸續回到了祖國。其中包括錢學森、趙忠堯、楊澄中、程開甲、黃昆、鄧稼先、傅鷹、唐敖慶、曹天欽、華羅庚、吳文俊、侯祥麟、李四光、葉篤正等一批一流的科學家。他們大都成為了中國尖端科技領域和薄弱空白學科的開拓者。到 1965 年，全國科技人員已達 245.8 萬人，其中有研究生學歷的 1.6 萬人，大學畢業學歷的 113 萬人。專門科研機構 1714 個，專門從事科學研究人員達到 12 萬人，分布於各行各業、各個門類。

▲ 1952 年，周恩來同著名地質學家李四光親切交談。1949 年底，在周恩來的關懷下，李四光回國，擔任中國科學院副院長。

　　1956 年初，中共中央召開全國知識分子會議，發出向科學進軍的號召。隨後，中國政府組織 600 多名科學家討論制定發展科學技術的《1956—1967 年科學技術發展遠景規劃》。1962 年規劃提前完成，次年又開始實施《1963 年—1972 年科學技術發展規劃》。這些規劃一方面著眼於吃、穿、用有關的工農業方面的科學技術，另一方面也關注國防尖端的科學技術，同時力求解決基礎工業中的技術問題。

中國發展科技採取學習外國先進的科學技術與自主開發相結
合的方針

　　一九五〇年二月，中蘇在莫斯科簽署協定，由蘇聯政府派出專家、技
術人員來中國，通過對等貿易的方式引進技術和設備。一九五三年到一九
五七年的「一五」計劃期間，中國的科技發展得到蘇聯支持。但從二十世
紀六〇年代開始，中國真正的核心技術和關鍵技術都依靠自主創新。六〇
年代到七〇年代，中國通過原子彈、導彈等國防尖端武器的研製，帶動了
信息工程、系統工程、遙測、遙感、遙控精密加工、自動控制、仿真等高
新技術的發展；也帶動了數學、物理學、化學等基礎科學和力學、電子
學、光學、聲學、空氣動力學、水動力學等應用科學的研究和發展，完善

▲ 一九六四年十月十六日，中國自
　行研製的第一顆原子彈爆炸成
　功。

▲ 一九六七年六月十七日，中國自行研製的第一顆
　氫彈爆炸成功。

了現代科技體系，提升了科技水平。科技的進步，有力地推動了國民經濟的發展，保障了人民健康。

社會風尚呈現新面貌

中國共產黨以為人民服務為宗旨，提倡愛祖國、愛人民、愛勞動、愛科學、愛護公共財物的公德。移風易俗、破舊立新的偉大變革，進一步使新中國相互平等、相互尊重的人際關係得以鞏固，誠實待人、勤奮工作、艱苦奮鬥的道德風尚興起，湧現出了各行各業的模範人物。雷鋒是其中的一個代表。他在平凡的工作崗位出色地做好每一項工作，勤儉節約、助人為樂、樂於奉獻、勤奮學習，成為新時代年輕人心中的偶像。一九六三年三月，《人民日報》《解放軍報》發表毛澤東等領導人號召向雷鋒學習的

▲ 二〇一四年三月二十日，各地群眾在河南蘭考焦裕祿紀念館內參觀。

▲ 二〇一一年三月二日，「學雷鋒日」到來前夕，上海地鐵部分站點掛出印有雷鋒頭像的宣傳招貼。

題詞，在全國廣泛開展學習雷鋒活動，有力推動了健康向上的社會風貌的形成。

舊中國男女不平等，新中國有了女拖拉機手、女火車司機，「婦女能頂半邊天」是當時流行的口號，是婦女翻身的寫照。

新中國成立後，積極建設新文化的同時，也努力開拓對外文化交流。對於西方文化，毛澤東主張「洋為中用」，「中國應當廣泛吸收外國的進步文化，作為自己文化的食糧的原料」。在冷戰時期，中國與社會主義國家、亞非拉發展中國家和少數西方國家在文學、藝術、教育、體育、衛生、科技、新聞、出版、廣播、電影、文物、圖書、博物館等領域開展廣泛的交流與合作。一九六四年中法建交，同年十月，中國與法國政府簽訂

一九六五年至一九六六年文化交流計劃，這是中國與西歐國家簽訂的第一個政府間的文化交流計劃。

一九七一年，中國恢復在聯合國的合法席位，對外文化交流進一步擴大。標誌性的事件是一九七三年五月開始的「中華人民共和國出土文物展覽」，先後在法國、日本、英國、美國、菲律賓、澳大利亞等十五個國家（地區）展出，展品中有金縷玉衣、馬踏飛燕、銅編鐘等表現中國悠久歷史文化和人民智慧創造的珍品。持續五年的展覽，吸引全球六百五十多萬觀眾，給世界極大震撼，被讚譽為「文物外交」。這個文物展在英國展覽四個月，觀眾七十七萬人，當時的英國首相希思出席開幕式並講話，女王伊麗莎白二世參觀了展覽。

▲ 甘肅省博物館鎮館之寶銅奔馬（馬踏飛燕），一九六九年出土於甘肅省武威雷台漢墓，一九八五年被選為中國旅遊標誌。

新中國文化建設在探索中也遭受了挫折。一九五七年「反右運動」擴大化，一批知識分子被錯劃為「右派分子」。一九六六年「文化大革命」開始，大部分文藝團體被強行解散，文化設施被破壞，中國經歷了一段「八億人民看八個樣板戲」的文化低潮期。

▍改革開放以來文化的快速發展

一九七六年,「文化大革命」結束,隨後中國進入改革開放時代,中國的文化獲得了新生,在恢復中發展。一九七八年五月開始的「真理標準問題大討論」和十二月召開的中共十一屆三中全會,既是中國改革開放的起點,也使當代中國的思想文化建設進入了一個新階段。

真理標準問題的討論,其意義並不僅僅在於澄清理論常識,更重要的在於它極大地解放了人們的思想,解決了如何運用馬克思主義研究中國現實的問題。因此,這場討論也就成了思想文化領域全面撥亂反正的起點。一九七九年十月底召開的第四次全國文代會上,鄧小平致祝詞,充分肯定新中國成立以來文藝事業的成就,提出了在藝術創作上提倡不同形式和風

▲ 一九七八年十二月十八日,中共十一屆三中全會在北京隆重召開,開啟了改革開放的歷史新時期。

格的自由發展，在藝術理論上提倡不同觀點和學派的自由討論的思想。他
提出新時期的任務：「我們要在建設高度物質文明的同時，提高全民族的
科學文化水平，發展高尚的豐富多彩的文化生活，建設高度的社會主義精
神文明。」

　　這一時期各種形式的文藝創作，如話劇、報告文學、詩歌、電影、中
短篇小說、小品、相聲、漫畫、建築壁畫等，如雨後春筍，不斷湧現，顯
示了作家、藝術家極大的創作熱情，出現了前所未有的繁榮局面。一九八
一年，文藝期刊發行量達十二億冊，北京的《當代》《十月》，上海的《收
穫》，解放軍的《崑崙》，南京的《鐘山》，廣州的《花城》，發行量都達
數十萬份。一九七六年十月至一九八二年九月，六年中中國共發表和出版

▲ 二〇〇二年十一月二十一日，上
海作家協會和收穫文學雜誌社共
同舉辦「把心交給讀者」慶典活
動，慶祝《收穫》創刊四十五週
年。

中篇小說近一千五百篇，出版長篇小說五百多部；創作話劇和戲曲（包括改編）劇本約四千二百多部；全國出版詩集五百多種，每年平均發表詩歌四萬多首。一九八一年後每年拍攝電影超過百部。隨著電視普及率的提高，電視劇迅速發展起來。美術、舞蹈、曲藝等各個方面，也都湧現了一批優秀作品。二十世紀七〇年代至八〇年代湧現出的中國文壇新秀，成為一支異常活躍的生力軍，其藝術表現形式和風格日益多樣化。這時期的中國文化發展，在弘揚民族優秀文化傳統的同時，注意吸收外國文化中的積極成果。

這一時期學術思想非常活躍，出現了對中國傳統文化及中西文化比較、中國傳統文化與中國現代化的關係等問題的研究和討論，形成了各方面關注、參與的「文化熱」。這些討論促進人們思考，拓寬了人們的視野，加深了中國人對文化問題的研究。

中國文化思想空前活躍的同時，部分文藝作品中也出現了不良的傾向，熱衷於寫陰暗的、灰色的以及胡編亂造的東西，還有一些人歪曲歷史和否定現實。針對新情況新問題，中國領導人提出了加強社會主義精神文明建設。一九八二年九月召開的中共十二大，提出精神文明是社會主義的重要特徵之一。一九八六年和一九九六年，中共中央先後作出兩個關於社會主義精神文明建設的決議，對精神文明在整個中國特色社會主義建設中的戰略地位、精神文明建設的指導方針和主要原則、任務和目標等作出了全面闡述和部署。

一九八一年二月二十五日，由全國總工會、共青團中央、全國婦聯等九個單位聯合倡議，開展以講文明、講禮貌、講衛生、講秩序、講道德和心靈美、語言美、行為美、環境美為主要內容的「五講四美」活動，成

▲ 二〇一二年十月九日，剛剛榮獲第十二屆精神文明建設「五個一工程」獎、以贛南蘇區兒女踴躍參軍的真實事例改編而成的大型贛南採茶歌舞劇《八子參軍》在北京展演。

▲ 二〇一四年一月九日，浙江紹興市暨柯橋區文化科技衛生「三下鄉」服務活動在稽東鎮家斜村文化禮堂舉行。服務團為山區農民寫春聯，義診、講解科技知識、提供法律諮詢，並演出了文藝節目。

為新時期群眾性精神文明建設的開篇。這個倡議得到官方的大力支持和民眾的積極響應。數以千萬計的團員、青年、解放軍戰士和大學生走向社會，進行各種知識的諮詢服務和勞務服務，幫助那些生活中有困難的人。

　　進入二十世紀九〇年代後，中國精神文明建設又有了新進展，中央創建「五個一工程」評選活動[2]，鼓勵生產弘揚時代精神、藝術上乘、群眾喜聞樂見的優秀作品。為使鄉村能夠分享城市的優質文化資源，一九九六

2　該評選活動自一九九二年起每年舉行一次，評選上一年度各省、自治區、直轄市和中央部分部委，以及解放軍總政治部等單位組織生產、推薦申報的精神產品中五個方面的精品佳作，進行獎勵。這五個方面是：一部好的戲劇作品，一部好的電視劇（或電影）作品，一部好的圖書（限社會科學方面），一部好的理論文章（限社會科學方面），一首好歌。

年底，中央十部委聯合組織「文化科技衛生三下鄉」活動，促進農村文化建設。中共十五大報告明確指出：社會主義現代化應該有繁榮的經濟，也應該有繁榮的文化。只有經濟、政治、文化協調發展，只有兩個文明都搞好，才是有中國特色社會主義。

改革開放以來，中國文化的發展從教育科學技術起步。一九七七年八月初，鄧小平兩次主持召開了科學和教育座談會。會議提出，四個現代化，關鍵是科學技術現代化，要把科技教育工作放在首要位置。中央決定恢復正常的科研教育秩序，特別是恢復高考，這不僅改變了數十萬人的命運，而且從根本上改變了社會對知識、知識分子的態度，為中國文化事業、經濟建設和各項工作奠定了人才基礎。從一九七七年秋天到一九七八年夏天，全國共有一千一百六十萬人參加了高考。鄧小平還強調學術上要

▲ 中國恢復高考制度後，第一屆高考考場情景。

貫徹「百家爭鳴」方針，不同學派之間要互相尊重，取長補短，學術刊物要辦起來。

一九七八年三月，全國科學大會在北京舉行，鄧小平提出要正確認識科學技術是生產力，正確認識知識分子；黨要善於領導，做好後勤保證工作；著手恢復以前行之有效的各種教育體制、科研體制，改善教育科研條件和知識分子的生活待遇。此後，「尊重知識、尊重人才」成為知識分子政策的核心。

在新的政策鼓舞和激勵下，一批具有創造精神、探索精神、奉獻精神的知識分子楷模人物備受社會推崇，如陳景潤、李四光、華羅庚、高士其、楊樂、張廣厚、林巧稚、蔣築英等，他們的事蹟幾乎家喻戶曉。

一九八六年十一月，中共中央、國務院批准了一九八六年三月中科院學部委員王淦昌、陳芳允、楊嘉墀、王大珩提出的建議，實施《高技術研究發展計劃綱要》，簡稱「863」計劃。兩年後，中國高新技術產業發展計劃，即「火炬」計劃實施，計劃旨在促進高新技術成果的商品化、產業化、國際化，推動傳統產業的技術改造和產業結構調整。隨著各種計劃陸續出台，中國科技發展初見成效，中國在空間技術、高能物理、生物科學、醫藥衛生、地學、化學等重要科技領域，取得了一系列具有世界先進水平的成果。

教育是民族的立國之本，鄧小平提出了「面向現代化，面向世界，面向未來」的教育方針。針對人口眾多、國民素質相對較低的情況，中國強調基礎教育的重要性，第一步是普及九年義務教育，在城鄉恢復和發展工農教育和業餘教育。一九八五年四月十二日，《中華人民共和國義務教育法》頒布。一九九五年五月，中共中央、國務院作出《關於加速科學技術

▲ 福建省廈門市鼓浪嶼毓園（林巧稚紀念園）裡的林巧稚漢白玉雕像。

▲ 第二屆 21 世紀教育論壇暨中國民辦教育高峰會在蘇州舉行，本屆會議的主題是「多元化、法制化與民辦教育」。

進步的決定》，提出實施科教興國的戰略。一九九七年至二〇〇二年，教育投入平均每年增幅達百分之十六點七，二〇〇二年全國教育投入總量達五千四百八十億元。在強有力的政策推動下，教育事業以前所未有的速度和水平迅猛發展。到二十世紀末，基本普及九年義務教育和基本掃除青壯年文盲的目標實現，基本建成了結構完整、專業門類齊全的職業、成人教育體系。為提高年輕人受教育水平，中國加快高等教育發展，一九九八年八月二十九日頒發《高等教育法》，加大力度調整專業結構，推行「211」[3]

3　中國政府為迎接世界新技術革命的挑戰，決定集中中央和地方各方面的力量，力爭在二十一世紀初建設一批學科、專業接近或達到國際一流大學水平的高等學校，簡稱「211 工程」。

和「985」工程[4]，著力建設一批高水平大學，推動一批「教學型大學」開始向「研究型大學」轉型，並在一九九九年大幅度擴大高校招生規模；民辦教育快速發展，形成大眾化教育背景下「多樣化、多模式、多層次、多渠道」辦學的高等教育體系。從一九八九年到二○○一年，中國普通和成人高等學校總共培養了近一千二百萬名本專科畢業生，三十多萬名研究生，通過自學考試獲得本專科學歷的達三百四十三萬人，為現代化建設輸送了大批人才。

二十世紀七○年代末，鄧小平即明確指出，科學技術和一切先進的生產管理經驗，乃至優秀的行為作風，是人類共同創造的財富，任何一個民族、一個國家，都需要學習別的國家、別的民族的長處。在他的提議下，一九七八年中國向二十八個國家派遣了四百八十名留學生。此後中國教育的國際合作與交流不斷擴大。

4　一九九八年五月四日，國家主席江澤民提出：「為了實現現代化，中國要有若干所具有世界先進水平的一流大學。」由此，教育部決定在實施「面向 21 世紀教育振興行動計劃」中，重點支持國內部分高校創建世界一流大學和高水平大學的工程，簡稱「985 工程」。

新世紀以來文化的強國之路

從改革開放之初到二十世紀末，中國重視文化在國家戰略布局中的整體性作用，強調社會主義精神文明、中國特色社會主義文化，強調文化是綜合國力的重要組成部分等。但這個時期，經濟建設仍然是中國的第一任務，文化建設與發展處於次要地位。「文化搭檯，經濟唱戲」的說法，反映了當時中國文化發展的處境。

進入新世紀後，人們認識到，文化軟實力是國家競爭力的重要方面，同時由於人民生活水平的提高，對文化的需求日益增長，中國進入全面建設小康社會的關鍵時期，文化的作用空前凸顯，對文化建設的認識與時俱

▲ 二〇一二年，馮驥才等人在政協會上談「深化文化改革，促進文化大發展大繁榮」。

進。二〇〇二年，中共十六大提出大力發展先進文化。二〇〇七年，中共十七大報告提出了「推動社會主義文化大發展大繁榮」「提高國家文化軟實力」的目標和任務；二〇一一年，中共十七屆六中全會首次闡明了中國特色社會主義文化發展道路，並提出建設社會主義文化強國的目標。二〇一二年，中共十八大明確提出「經濟建設、政治建設、文化建設、社會建設、生態文明建設五位一體總體布局」的戰略規劃，強調建設社會主義先進文化是「五位一體」總體布局的有機組成部分，認為全面建成惠及十幾億人口的更高水平的小康社會，既要讓人民過上殷實富足的物質生活，又要讓人民享有健康豐富的文化生活。

文化發展的動力在於改革創新。與文化理念發展相伴的是文化體制改革的推進。改革開放以來，隨著經濟體制改革的不斷深化，文化體制改革

◀ 二〇一二年十月二十四日，十一屆全國人大常委會第二十九次會議在北京人民大會堂舉行第二次全體會議，文化部部長蔡武作深化文化體制改革、推動社會主義文化大發展大繁榮工作情況的報告。

也逐漸展開，改變了文化和文化資源國家化的既有理念與做法。二十世紀九〇年代，中共中央明確要探索建立適應社會主義市場經濟體制和文化自身發展規律的文化體制。文化體制改革從改革經費投入機制著手，一方面推動藝術院團的內部改革；另一方面以組建大型文化集團為突破口，加快市場整合和結構調整，先後組建了一批報業集團、出版集團、發行集團、廣電集團、電影集團。與之相配套，國務院在一九九六年、二〇〇〇年先後制定了支持文化事業發展的經濟政策。

進入新世紀，中國進一步打破了束縛文化發展的觀念和體制。二〇〇〇年十月，中共十五屆五中全會通過的關於「十五」（2001-2005）計劃的建議，第一次提出了「文化產業」的新概念，實現了理論上的突破：文化已不再具有單一的意識形態屬性，而是兼有意識形態和商品的雙重屬性。承認文化具有「雙重屬性」，強調發展文化產業是市場經濟條件下繁榮社會主義文化、滿足人民群眾文化需求的重要途徑，這解決了長期困擾人們的文化發展與市場的關係問題，打破了傳統計劃經濟體制下國家統包統管文化事業的模式，改變了文化資源按行政方式配置，文化單位是行政附屬物的觀念。二〇〇一年，發展文化產業被列入國家「十五」計劃，文化的產業功能、經濟屬性得到普遍認可，文化不再是經濟發展的樓梯和舞台，而已有相對獨立的地位與價值，成為發展的主角之一。

理論上的每一次突破，都會引領改革實踐向前邁出一大步。二〇〇三年六月召開的全國文化體制改革試點工作會議，選擇了九個地區和三十五家文化單位開展文化體制改革試點。同年十月召開的中共十六屆三中全會進一步明確了對公益性文化事業和經營性文化產業實行不同的發展策略，一方面以政府為主導，大力發展公益性文化事業，保障人民基本文化權

▲ 二〇一〇年十月二十九日，陝西省商洛市直屬文化單位改革改制揭牌儀式在市政府禮堂舉行。

益；另一方面以創新體制、轉換機制、面向市場、壯大實力為重點，抓好經營性文化產業的改革和發展。把公益性文化事業和經營性文化產業區分開來，清晰地界定了政府和市場的邊界：公益性文化事業以政府為主導，旨在保障人民群眾的基本文化權益；經營性文化產業以市場為導向，旨在滿足人民群眾多樣化、多層次、多方面的精神文化需求。與之相對應，國有文化單位也被「一分為二」：一部分是公益性的，一部分則是經營性的。

延續十多年的文化體制改革，主要圍繞塑造市場主體、完善市場體系、改善宏觀管理、轉變政府職能四個關鍵環節進行。改革後的文化不再是封閉的「自我循環」，而融入了國民經濟和社會發展的「大循環」，一方面文化產業發展離不開國民經濟體系的支撐，另一方面文化產業作為戰

略性新興產業已成為國民經濟新的增長點，正在與國民經濟、國民教育、城鄉建設及科技和旅遊等相融合，滲透於國民經濟各行各業，提升品牌價值，增加物質產品和現代服務業的附加值和文化含量，對加快轉變經濟發展方式發揮著不可替代的作用。政府職能轉變表現在，大力推進政企分開、政事分開和管辦分離，由直接辦文化向管文化改變，管的內容主要是政策調節、市場監管、社會管理和公共服務，實現由管微觀向管宏觀轉變。二〇一三年，國務院機構改革，新聞出版總署和廣電總局合併。中國還加大了文化法治建設的力度，先後出台了四百多部相關法律法規、政策性文件。

伴隨文化理念的創新，文化體制改革的深入，文化法制化、制度化建

▲ 據國家統計局公布的數據顯示：二〇一二年中國文化及相關產業法人單位實現增加值一萬八千零七十一億元，按同口徑和現價計算，比上年增長百分之十六點五，比同期 GDP 現價增速高六點八個百分點。文化產業對當年經濟總量增長的貢獻達到百分之五點五。

設的不斷推進和國家經濟實力的增強，新世紀的十餘年成為中國文化發展速度最快的時期。中國政府於二○○六年和二○一二年相繼推出《國家「十一五」時期文化發展規劃綱要》《國家「十二五」時期文化改革發展規劃綱要》，國家經費投入大幅度增長。二○○六年全國公共財政文化體育與傳媒經費支出為六百八十五億元，「十一五」（2006-2010）期間以年均百分之二十三的速度增長；到二○一二年，這一投入達到二千二百五十一點四五億元，比二○○六年增長三倍多。十多年來，政府與市場的雙輪驅動，推動文化事業與產業的比翼齊飛，極大地解放了文化生產力，文化建設成就顯著，文化基礎設施基本普及，城鄉文化差距不斷縮小，文化產品越來越豐富，中華文化走向世界，中國走出了一條中國特色社會主義文化發展道路。

第二章 思想文化建設

在當代中國思想文化中，占主導地位的是馬克思主義。鞏固馬克思主義在意識形態領域的指導地位、培育和踐行社會主義核心價值觀，是當代中國思想文化建設的重要內容。

▍馬克思主義何以成為指導思想

　　馬克思主義進入中國，有歷史的原因。中華民族具有五千多年綿延不絕的文明歷史，為人類文明進步作出了不可磨滅的貢獻，這是中華民族的驕傲。但是，近代以來，當西方資本主義社會經濟高速發展，中國仍停留在農耕社會的緩慢發展狀態，明顯地落後了。一八四〇年，鴉片戰爭爆

▲ 反映俄國十月革命冬宮廣場情景的油畫。俄羅斯政治歷史博物館藏。

發，中國在西方列強堅船利炮轟擊下，割地賠款，逐步陷入半殖民地半封建社會的黑暗深淵。苦難中的中國人開始抗爭，挽救國家民族的危亡。近代以來，差不多世界上有代表性的理論、學說、主義都在中華大地上被嘗試過，但都沒有解決中國面臨的問題，也沒有在中華大地上真正扎下根來。一九一七年的俄國十月革命，驗證了馬克思主義、列寧主義思想，改變了世界政治的格局，對於一直在黑暗中摸索的中國人民產生了強大的吸引力。許多中國人在馬克思、恩格斯和列寧那裡找到了中國為何飽受屈辱的原因，尋求可以爭取中國解放、恢復民族尊嚴的武器，因此成為了馬克思主義者。

馬克思主義是產生於西方的學說，不可能對如何解決中國問題提供現成的具體答案，以毛澤東為代表的中國第一代馬克思主義者，確定了馬克

▲ 開國大典油畫

思主義的普遍真理與中國具體實際相結合的方針，開始了馬克思主義中國化的事業。這項極其艱苦的事業已經進行了九十多年，產生了兩大中國化的馬克思主義理論成果——毛澤東思想和中國特色社會主義理論體系。

馬克思主義提供的是一種認識世界和改造世界的世界觀與方法論。中國共產黨成功地領導中國人民結束了飽受屈辱的生活，改變了民族命運，實現了民族獨立、國家富強，這是中國化的馬克思主義在中國的各種思潮中勝出的原因，也是中國大部分知識分子不僅接受中國共產黨的領導，而且認同馬克思主義的思想基礎。

馬克思主義能夠在中國普及化、大眾化，與中國化的馬克思主義的文化特徵有關。

中國化的馬克思主義根植於中華民族的沃土，沒有離開中華民族的根基。中華文化博大精深。中國共產黨第一代領導人毛澤東堅持文化的繼承性，他提出，要承繼中華文明的優秀文化遺產，認為這「是發展民族新文化提高民族自信心的必要條件」。同時，又不推崇歷史復古主義，正確的方法是「取其精華，去其糟粕」。

毛澤東思想的很多重要內容，都直接來源於優秀傳統文化的人生智慧、政治智慧，具有明顯的「中國作風」「中國氣派」。最典型的就是「實事求是」，這個詞最早出自《漢書》，毛澤東對其加以馬克思主義的解釋，從而使其成為中共的思想路線。忠、孝、仁、義，是中國傳統的道德觀，毛澤東給予它們新的解釋：要特別忠於大多數人民，孝於大多數人民，而不是忠孝於少數人。對大多數人有益處的，叫做仁；與大多數人利益有關的事情處理得當，叫義。對農民的土地問題、工人的吃飯問題處理得當，就是真正的行仁義（《關於國民精神總動員的號召》）。他闡釋馬克思主

義唯物論關於群眾的觀點時簡潔明了：人民才是創造歷史的動力，群眾是真正的英雄，人民的利益是我們事業的出發點和歸宿。他把「為人民服務」五個字立為共產黨的宗旨。毛澤東以人們熟悉的傳統文化知識和人民的新實踐闡釋並發展了馬克思主義理論，也發展了中國文化。許多人通過聽毛澤東的講話和讀毛澤東著作開始了解和接受馬克思主義。

毛澤東學歷不高，但他學識豐富，其政論文章能把枯燥的政治道理闡釋得深入淺出，生動活潑，而且，他在哲學、書法、詩詞等領域都有很高

▲ 二〇一三年十二月二十六日，在福州舉辦了「憶往昔崢嶸歲月──紀念毛澤東誕辰一百二十週年收藏精品展」，展出了毛澤東題寫的「為人民服務」的金色牌匾。

的造詣。在漫長的歲月裡，那些熔鑄了毛澤東的思想和實踐、人格和個性的瑰奇的詩篇，吸引並薰陶了幾代中國人，而且流傳到了國外。一九三七年，美國記者斯諾把毛澤東的《七律·長征》英譯文收進《西行漫記》。在新中國成立後，一位外國詩人讚譽毛澤東是「一個詩人贏得了一個新中國」。二十世紀四〇年代開始，《毛澤東詩詞》被翻譯成英文，先後又被譯成法、俄、德等其他數十種語言文字。德國知名人士施特勞斯說：「毛澤東把一個幾十年來一直動亂不安、飽嘗最嚴酷戰爭、災難深重的中國引進了新的時代，並且用美妙的詩詞記錄了這個時代的歷史進程，他是一位傑出的詩人。」這種評價準確點明了毛澤東政治家與文人的雙重身分。上世紀七〇年代初，美國總統尼克松首次跨越大西洋來中國訪問，見到毛澤東後的第一句話就說：「讀了您的詩詞和講話，我知道您是一位思想深刻的哲學家。」

毛澤東思想是關於中國革命和建設的正確理論原則和經驗總結，有效地指導了中國革命。中國革命於一九四九年取得勝利，新中國成立，樹立了「中國人民站起來了」國際形象。在迅速醫治戰爭創傷、恢復國民經濟的基礎上，如何在中國這樣一個歷史悠久、人口眾多、經濟文化落後的國家建設社會主義，實現中華民族的偉大復興，則是馬克思主義中國化所面臨的一個新課題。

毛澤東對中國發展的複雜性重視不夠，也忽視了文化和意識形態的相對獨立性，特別是後來對文化領域的判斷出現嚴重失誤，犯有階級鬥爭擴大化的嚴重錯誤，中國發展出現了挫折。

以鄧小平為代表的中國共產黨人一方面糾正毛澤東的錯誤，另一方面捍衛毛澤東思想的基本原則、立場和觀點。鄧小平主持作出的《關於建國

以來黨的若干重大歷史問題的決議》,科學評價了毛澤東的歷史地位,將毛澤東思想與毛澤東晚年所犯的錯誤區別開來,指出:「毛澤東思想是我們黨的寶貴的精神財富,它將長期指導我們的行動。」

中共十一屆三中全會以後,中國共產黨繼續馬克思主義中國化的進程,堅持毛澤東思想,從中國國情出發,適應時代發展的要求,對馬克思主義、毛澤東思想進行發展和創新。一九八二年,鄧小平在中共十二大提出:「把馬克思主義的普遍真理同我國的具體實際結合起來,走自己的道

▲ 一九八二年九月一日至十一日,中共十二大在北京召開。鄧小平在開幕詞中提出了關於建設有中國特色的社會主義的思想。

路，建設有中國特色的社會主義。」此後，鄧小平系統地闡述了社會主義的本質、根本任務、發展道路、發展階段、發展動力和社會主義建設的外部環境、政治保證、戰略步驟、領導力量、依靠力量以及祖國統一等一系列問題，解決了什麼是社會主義，怎樣建設社會主義的問題，開創中國特色社會主義，用新的思想觀點，繼承發展了馬克思主義，把對社會主義的新認識提高到新的科學水平。

中國特色社會主義理論體系是在中共十一屆三中全會以後形成的關於中國建設、鞏固、發展社會主義的理論原則和經驗總結，包括鄧小平理論、「三個代表」重要思想、科學發展觀。中國特色社會主義理論體系成為中國社會的主導思想，除了政權的影響因素外，有四個優勢：一是它本身有一套完整的理論體系；二是因為它與中國傳統文化中大同社會的理想具有一定的相似性和兼容性；三是因為它的主張符合近代以來人們振興民族、推動中國社會發展的心聲和願望，代表了中國絕大多數人民群眾的根本利益；四是因為中國共產黨沒有教條式地對待馬克思主義，而是與時俱進，致力於馬克思主義的中國化、時代化和大眾化，根據實踐的發展不斷創新理論，走出了一條屬於自己的社會主義建設與改革的道路，成功地實現了綜合國力與日俱增，人民生活水平不斷提高。

二〇一二年十一月，新當選的中共中央領導集體在面對全面建成小康社會的新任務，面對改革進入深水區、發展方式亟須轉變、社會矛盾集中凸顯等新的形勢，面對日益複雜多變的國際環境，就如何堅持和進一步豐富中國化的馬克思主義作出回答。習近平總書記上任伊始，向人們表示：「人民對美好生活的嚮往，就是我們的奮鬥目標。」十一月二十九日，在國家博物館，習近平向世界宣示「中國夢」——「實現中華民族偉大復

興，就是中華民族近代以來最偉大的夢想。」

中國夢的內涵是實現國家富強、民族振興、人民幸福。中國夢首先是中國現代化之夢。雖然經過一百多年的努力奮鬥，中國擺脫了積貧積弱的局面，但現代化這一目標還未實現。其次是中華民族崛起之夢。中華民族重新自立、自強於世界民族之林，為人類作出與中國十三億人口與五千多年文明史相稱的貢獻，這其中包括中華文化復興之夢。曾在很長一段時期內處在世界領先地位的中華文化，如何完成從古典形態向現代形態的成功

▲ 二〇〇九年九月二十日，大型音樂舞蹈史詩《復興之路》在北京人民大會堂首演。全劇以歷史時間為脈絡，由序曲和五個章節構成，共三十六個節目，演員陣容多達三千二百人。

轉換，實現中華文化的傳承和創新，呈現出時代的嶄新風貌？這是中國人正在思考的問題。中國夢還是中華民族每一個成員的發展之夢，為個人價值的實現提供更多的條件和平等的機會，最終實現人的自由而全面的發展，真正實現國家好、民族好、大家好。中國夢是對中國人民近代以來的追求的生動形象的概括，是當代中國社會發展與進步之夢，是對二十一世紀的中國發展目標的通俗表達。

中國夢引起世界的熱議。美國《新聞週刊》上有文章認為，中國夢會產生深遠影響，將「重振中國光輝史」。有外國觀察家敏銳指出，這是「一個能在人們心中激起共鳴的目標」，體現了中國共產黨「對中華民族的強烈歷史責任感」。

二十多年前，美國學者福山曾預言柏林牆的倒塌和蘇聯的解體是社會主義和馬克思主義終結的標誌。然而，二十多年過去，中國以驚人的發展速度向民族復興的目標邁進。福山因此修正了他的觀點。他說，客觀事實證明，西方式自由民主可能並非人類歷史進化的終點，隨著中國持續崛起，人類思想寶庫須為中國留一席之地。

澳大利亞學者休·懷特如此評述：我們應該承認，中國正發生著許多美好的事情。由於中國取得的經濟增長，數億中國人過上了他們父輩做夢都想不到的更好、更富足的生活。更好的住房，更棒的學校，更優的醫療——「這些物質條件具有真實的道德價值，不承認這些成就是不誠實的」。的確，三十年間，中國實現了四億人脫貧、十三億人走向現代化、對世界經濟增長的年平均貢獻率超過百分之二十，這確實是中國道路最為「真實的道德價值」。中國化的馬克思主義成為世界文化的百花園裡的一種景色，為人類文化的寶庫增添異彩。

九十多年間，中國化的馬克思主義改變了億萬中國人的命運，儘管中國還有許多不足的地方，但大多數中國人對中國特色社會主義理論、道路和制度充滿信心。美國有線電視新聞國際公司網站近期報導，據品牌調研公司明略公司調研統計，現在約有百分之七十的中國人表示，實現中國夢對他們是重要的，強調實現國家榮耀而非僅僅取得個人成就是其中的關鍵。

▌馬克思主義指導與文化的多樣性

　　文化是千姿百態的精神花朵，中國是由五十六個民族組成的大家庭，有十幾億人口的大國，各個民族、地區、社會群體乃至個人的文化背景、文化要求、文化情趣等等都各有特點，文化各具風格，中國在堅持馬克思主義在文化領域的指導地位的同時，也肯定文化的多樣性。

　　從來源看，中國化的馬克思主義在發展中吸收了中華文明與馬克思主義、西方資本主義文明等各種文化的養料；從發展歷程看，新中國也一直肯定中國文化的多樣性。在確立馬克思主義指導地位後，毛澤東於一九五六年五月指出，「百花齊放、百家爭鳴」是中國發展科學、繁榮文學藝術的指導方針。他在一九五七年二月和三月的兩次講話中，進一步作了闡釋。他說：「藝術上不同的形式和風格可以自由發展，科學上不同的學派可以自由爭論。利用行政力量，強制推行一種風格，一種學派，禁止另一種風格，另一種學派，我們認為會有害於藝術和科學的發展。藝術和科學中的是非，應當通過藝術界科學界的自由討論，通過藝術和科學的實踐去解決，而不應當採取簡單的方法去解決。」他認為實行這個方針，並不會削弱馬克思主義在思想界的領導地位，相反地會加強它的這種地位。他多次申明，這是一個基本的、長期的方針，不是一個暫時性的方針。堅持馬克思主義指導與堅持「雙百」方針並行不悖的思想一直延續至今。

　　馬克思主義的指導只能是在方向上引領，而不是包辦和強制。改革開放後，中國領導人明確提出，弘揚主旋律、提倡多樣化，是堅持社會主義先進文化前進方向的內在要求。弘揚主旋律，就是提倡一切有利於發揚愛

國主義、集體主義、社會主義的思想和精神，有利於改革開放和現代化建
設的思想和精神，有利於民族團結、社會進步、人民幸福的思想和精神，
以及用誠實勞動爭取美好生活的思想和精神。這是社會主義制度對文化建
設提出的本質要求，是社會主義精神文明的具體體現，是社會主義文化必
須擔負的社會責任。貫徹「雙百」方針，提倡多樣化，則是社會主義初級
階段的基本國情對文化建設提出的客觀要求，是由人民群眾日益增長的多
樣化、多層次、多方面的精神文化需求決定的，是社會主義文化繁榮發展
的動力所在。

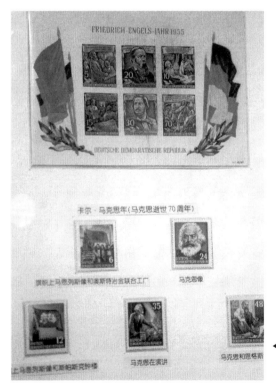

▲ 二○○五年七月二十五日，上海市
公安博物館舉辦的「紅色之源，馬
克思主義文化藝術作品展」。

堅持馬克思主義在文化領域的指導與堅持文化的多樣性是統一的。馬克思主義的指導是社會主義文化的靈魂，同時，並不要求每個文化產品的內容都體現馬克思主義，而是鼓勵文化產品和文化生活的內容和形式多種多樣，如百花園裡的花朵，五彩繽紛。而且，如果沒有文化的多樣性，也就無所謂馬克思主義的指導地位。中華文化吸收了諸多其他文明的成果，最終形成一種開放性的文化形態。在中國，凡是有利於社會主義建設事業的繁榮發展、有利於國家富強民族振興和人民幸福、有利於社會和諧的作品和行為，無論其世界觀是馬克思主義還是非馬克思主義、唯物主義還是唯心主義、世俗觀念還是宗教信仰，都得到包容。目前，中國信仰馬克思主義的共產黨員為八千五百萬，但信仰宗教的人數則超過一億。

社會主義核心價值觀的提出

　　所謂核心價值觀，是指能夠體現社會主體成員的根本利益、反映社會主體成員的價值訴求，對社會變革與進步起維繫和推動作用的思想觀念、道德標準和價值取向。中國共產黨重視核心價值的培育與引領，改革開放以來，提出建設社會主義精神文明。鄧小平指出：「所謂精神文明，不但是指教育、科學、文化（這是完全必要的），而且是指共產主義的思想、理想、信念、道德、紀律、革命的立場和原則，人與人的同志式關係，等等。」江澤民強調精神文明重在建設，以科學的理論武裝人，以正確的輿論引導人，以高尚的精神塑造人，以優秀的作品鼓舞人，弘揚主旋律、提

▲ 二〇一四年六月十三日，圖説「社會主義核心價值觀」活動亮相北京西單文化廣場，以圖文並茂的形式弘揚中國夢。

倡多樣化。二〇〇一年，他提出要把「以德治國」和「依法治國」結合起來，強調道德建設在整個國家發展中的地位。

中共十六大報告進一步提出「要建立與社會主義市場經濟相適應、與社會主義法律規範相協調、與中華民族傳統美德相承接的社會主義思想道德體系」的任務。二〇〇四年二月，中共中央、國務院頒發《關於進一步加強和改進未成年人思想道德建設的若干意見》。在黨員幹部中則開展保持先進性教育活動，加強了思想道德建設。二〇〇六年三月，胡錦濤提出了「八榮八恥」的社會主義榮辱觀[1]。同年十月，中共十六屆六中全會闡述了建設社會主義核心價值體系的任務，主要內容包括馬克思主義指導思想，中國特色社會主義共同理想，以愛國主義為核心的民族精神和以改革創新為核心的時代精神，社會主義榮辱觀。二〇一一年十月，中共十七屆六中全會通過的《決定》專節闡述「推進社會主義核心價值體系建設」。

二〇一二年十一月，中共十八大正式提出倡導富強、民主、文明、和諧，倡導自由、平等、公正、法治，倡導愛國、敬業、誠信、友善，積極培育和踐行社會主義核心價值觀。這二十四個字是社會主義核心價值體系的高度凝練和集中表達。

社會主義核心價值觀確定了基本價值準則。富強、民主、文明、和諧是國家層面的價值目標，是國家經濟、政治、文化、社會、生態文明建設的基本價值準則，是中國社會主義現代化國家的建設目標，也反映了近代

1　八榮八恥：以熱愛祖國為榮、以危害祖國為恥，以服務人民為榮、以背離人民為恥，以崇尚科學為榮、以愚昧無知為恥，以辛勤勞動為榮、以好逸惡勞為恥，以團結互助為榮、以損人利己為恥，以誠實守信為榮、以見利忘義為恥，以遵紀守法為榮、以違法亂紀為恥，以艱苦奮鬥為榮、以驕奢淫逸為恥。

▲ 二〇一四年六月五日，民間藝人羅來清展示一幅體現社會主義核心價值觀「公正」和「法治」精神的版畫雕刻版和原稿。

以來中國歷史發展的根本要求，是國家經濟發展、政治文明、文化繁榮、社會進步等方面價值訴求，將國家的發展目標與價值目標統一起來了。

　　自由、平等、公正、法治是社會層面的價值取向，是中國社會全面發展進步的基本價值準則，是對所仰賴的社會制度、規範以及依法治國所提出的價值要求。馬克思、恩格斯曾提出「每個人的自由發展」與「一切人的自由發展」，是新社會的標誌。平等、公平、正義是社會主義的基本屬性和內在要求，法治是社會有序運行的基本保障。

　　愛國、敬業、誠信、友善是公民個人層面的價值準則，是公民應恪守的基本道德規範，是對公民之國家認同、個體德行、職業操守和人際交往所提出的價值標準。這一要求既是中華民族傳統美德的現代化轉化，又汲

▲ 二○一○年十二月二十一日，由中央文明辦、中國文聯等機構聯合舉辦的「全國道德模範故事會」基層巡演，走進北京懷柔社區。藝術家們通過說唱藝術傳播善行義舉。

取了中國共產黨人革命道德和社會主義新時期道德的精華。

社會主義核心價值觀與中華優秀傳統文化和人類文明優秀成果相承接。中華傳統文化的價值觀的結構是多元的，但儒家的價值觀構成了中華文明價值觀的主流。儒家個人的倫理觀是仁、義、禮、智、信，其核心是仁，仁的精神要求推己及人，推人及物。講仁愛、重民本、守誠信、崇正義、尚和合、求大同等是儒家思想的重要價值理念。治理社會秩序靠「德」自律，靠「法」他律，以「禮治—德治」為中心。這為中華民族提供了強大的凝聚力、頑強的生命力和巨大的同化力，是中華民族歷史長久、生生不息的重要原因。在儒家思想指導下，中國對外部世界的態度是以安邊為本、睦鄰為貴，不主張擴土拓邊，反對暴力。

▲ 二〇一四年三月十八日，安徽省含山縣環峰小學一位老師正在向學生講解二十四字「社會主義核心價值觀」。

　　中國人重血緣關係，家庭觀念強，但強調天下一家、家國一體，以國家、民族為重的思想占據了中國傳統文化的重要地位。中國典籍中記載有大禹治水三過家門而不入，這是捨小家為大家。孟子說，君子要「自任以天下之重」，就是要把天下大事作為自己的責任。歷史進入近代，鴉片戰爭和甲午戰爭大大增強了中國人的家國意識，現代意義上的愛國主義、家國共同體觀念逐步產生。尤其是抗戰時期，戰爭對中華民族造成了巨大的傷痛，中國人的家國觀又多了一重民族自強、民族復興的悲壯，大家都主動把個人和家庭的命運與國家的命運聯繫在一起。中國人深刻意識到，大家必須團結起來，這個大國才有希望。中國傳統的價值觀念是社會主義核心價值觀的基本價值資源，當今中國人從中吸收其文化養分，又賦予其符

合時代要求的新內涵、新詮釋。社會主義核心價值觀所體現的國家政治理想、社會價值取向與個人道德準則的有機結合，也可以說是對儒家修身齊家治國平天下思想的借鑑。

社會主義核心價值觀同時借鑑資本主義文明成果中「自由、民主、平等」為基本內容的價值理念，反映了社會主義價值觀兼容并包的實踐屬性，吸收其把社會進步建立在對個人的地位與價值充分尊重的基礎上的合理之處，又努力克服和消解其內生的個人主義、拜金主義、享樂主義等消極傾向。

社會主義核心價值觀把歷史和現實有機地統一起來，並體現國家、社會與個體的內在統一，表現了包容性和深刻性。

▌培育和踐行社會主義核心價值觀

　　中國提出培養和踐行社會主義核心價值觀有現實針對性。中國在改革開放和發展社會主義市場經濟條件下，思想意識呈現出多元多樣多變的特點。價值觀衝突表現在個人、群體、社會不同主體之間在效率與公平、利益與道義、自由與平等一系列重要價值問題上，存在不同甚至截然相反的看法；不同形態的價值觀，如傳統的與現代的、本土的與外來的、宗教的與世俗的、菁英的與大眾的價值觀之間存在矛盾和衝突。市場經濟的逐利性，使社會上產生了拜金主義、消費主義、享樂主義。一些人崇尚虛無主義，信仰缺失，精神焦慮、冷漠，是非界限模糊，美醜不分、榮辱不辨。表現在現實生活中，道德底線頻頻失守，封建迷信等落後的東西沉渣泛起，極端宗教思想抬頭；各種媚俗庸俗文化流行，肆意戲說歷史與竄改歷史。道德楷模與自私自利者共存，先進的積極的文化與落後的消極的文化並生的現象，反映出大眾的價值訴求之混亂。

　　中國的發展，需要確立核心價值觀，完善制度和推進治理的價值目標，引導、規範社會成員的行為價值準則，樹立與之相適應相符合的價值判斷力和道德責任感，引導人們辨別什麼是真善美、什麼是假惡丑；同時善於尋求價值觀念的最大公約數，以凝聚不同階層、不同認識水平的人們共識，求同存異、共同奮鬥。二〇一三年十一月，中共十八屆三中全會通過的《中共中央關於全面深化改革若干重大問題的決定》提出要培育和踐行社會主義核心價值觀，把它融入國民教育全過程、落實到經濟發展實踐和社會治理中，並進行宣傳教育。

▲ 電影《青春雷鋒》海報

社會主義核心價值觀每個層面都對人們有具體的價值導向，規範性和實踐性都很強，便於遵循和踐行。培育和踐行社會主義核心價值觀，首先應該把社會主義核心價值觀落實到經濟發展實踐和社會治理中，注重政策保障、制度規範、法律約束相銜接，提供「使社會主義核心價值觀融入人們生產生活和精神世界」的制度保證。其次，核心價值觀的培育貴在知行統一。知是前提、是基礎，內心認同才能自覺踐行。因此，宣傳教育是一項基礎性工作，將其融入國民教育全過程，並堅持由易到難、由近及遠，大家從身邊小事做起、從一點一滴做起，人人參與、人人實踐。《決定》要求以誠信建設為重點，加強社會公德、職業道德、家庭美德、個人品德教育，引導人們追求講道德、尊道德、守道德的生活，讓十三億人的每一分子都成為傳播中華美德、中華文化的主體，形成修身律己、崇德向善、禮讓寬容的道德風尚。這樣，培育社會主義核心價值觀就成為塑造人、培

▲ 二〇一三年十一月九日，在山東聊城大學，大學生志願者在創作剪紙作品以慶祝黨的十八屆三中全會的召開。

養人的過程。

　　中共中央要求黨員幹部率先垂範，講黨性、重品行、作表率，為民、務實、清廉，做社會的楷模、引領風尚。同時加強對黨員、幹部特別是領導幹部的教育管理，嚴查違紀違法行為，對腐化墮落、道德敗壞、逃避責任的黨員幹部，保持一種嚴厲懲處的高壓態勢。

　　鼓勵先進、善用典型示範是培養和踐行社會主義核心價值觀的重要途徑。「向雷鋒同志學習」是數十年來堅持的典型舉措。新世紀以來，中國政府不僅大力表彰作出重大發明創造的科技專家，而且表彰那些默默無聞、在平凡工作崗位上的奉獻者。中央電視台於二〇〇二年十月首次啟動以「感動中國」為主題評選年度人物活動，這一年當選的人物有為經濟社

▲ 二〇〇六年一月十五日，在 CCTV《感動中國‧2005 年年度人物評選》頒獎典禮晚會上，青年歌手叢飛當選。

會發展作出卓越貢獻的大科學家、大企業家，也有烤羊肉串捐錢做慈善的阿里木、照顧養母十二年的孟佩傑等「草根英雄」。

「2005 感動中國人物」中有一名深圳特區的歌手叢飛，在十一年的時間裡堅持捐助四川、貴州等貧困山區的失學兒童和殘疾人，做義工，二〇〇六年因病離世前決定身後捐獻自己的眼角膜。叢飛去世時，上萬人為他送行。深圳人用行動來回應一個高貴靈魂。深圳青少年基金會成立了「叢飛助學專項基金」，不僅幫助更多的失學兒童走進學堂，也照顧他的遺孤。如今，深圳已有註冊志願者八十四點六萬。

近年來，人們尋找身邊的「最美人物」，有最美教師、最美戰士、最美媽媽、最美警察、最美護士、最美新娘等。這些平民英雄對真善美的追

▲ 二〇一二年六月十一日，由中央電視台和光明日報社共同主辦的二〇一二年「尋找最美鄉村教師」大型公益活動在北京梅地亞中心正式啟動。

求的事蹟在社會上產生了強烈反響，人們發現「好人就在身邊」，增添了重塑社會道德的信心。

此外，中央媒體還開展了尋找「最美鄉村醫生」「最美鄉村教師」「最美村官」大型公益活動，把在最基層崗位上、條件最艱苦的環境中默默堅守、無私奉獻著的一群人的事蹟記錄下來。這些富有時代氣息、代表社會主流價值觀的人和事，激發人們積極向上的精神和社會責任意識，為社會轉型期的人們營造一種正能量的精神文化氛圍。

二〇一三年九月，第四屆全國道德模範評選結果揭曉，中共中央總書記習近平接見了受表彰的五十四名全國道德模範和二百六十五名提名獎獲得者。國家以三百萬專項資金，對三十四名生活困難的道德模範進行幫扶，傳遞價值導向，助推公序良俗和文明風尚的形成。

中國作為社會主義的發展中大國，正在向社會主義現代化國家邁進，需要積極培育和踐行社會主義核心價值觀，引導人們正確認識國家、民族的前途命運，凝聚奮發向上的精神力量，扶正祛邪，揚善懲惡，培育人們正確的道德判斷力和道德責任感，形成向善的文明道德風尚。誠如宗教改革思想家馬丁・路德所說：「一個國家的興盛，不在於國庫的殷實、城堡的堅固或是公共設施的華麗，而在於公民的文明素養，也就是人民所受的教育、人民的遠見卓識和品格的高尚。」中國現代著名思想家、文學家魯迅曾說，惟有民魂是值得寶貴的，惟有它發揚起來，中國人才有真進步。

第三章

文學藝術百花齊放

當代中國的文學藝術伴著社會演進的腳步而成長，隨著國家的經濟繁榮，文藝空前發展，創作數量激增，表現手法日益豐富，作品的影響力正日益提升，每一部個性化的作品都是一個大時代的文明縮影。在整個文學藝術的發展之中，小說是文學的主幹，而文學又是藝術的基點。當代中國文學作品極為豐富，新興的網絡文學發展迅猛。另外，電影創作繁榮，舞台藝術也新作不斷。

▌文學創作活躍，網絡文學崛起

中國文壇人才濟濟，有一個勇於借鑑探索，刻苦勤奮創作的作家群體。新世紀以來，這個創作群體在不斷擴大，文學創作態勢空前活躍。活躍於當代文壇的中國作家，從上世紀三〇年代出生的王蒙、張潔，到八〇年代出生的韓寒、張悅然、郭敬明，大約有六代人在同時寫作，稱得上是「六世同堂」。出生於二十世紀五六十年代、在八〇年代以先鋒姿態走上文壇的作家，如莫言、賈平凹、張煒、閻連科、劉震云、鐵凝、王安憶、韓少功、張承志、蘇童、余華、格非等，是文壇的中堅力量，最有影響的作家，他們關注民生與社會，擁有自己的鮮明的語言藝術特色。七八十年代出生的作家是中國當今文學創作界最為活躍的一代人，如韓寒、郭敬明、徐則臣、盛可以、笛安、顏歌等新銳作家，他們的生命經驗、人生歷程、價值觀念，與中國的市場經濟同步生成，寫作和出版幾乎都以自己的同齡人作為讀者，給當代文學帶來最新鮮的經驗與成果。少數民族文學創作隊伍也在不斷發展壯大。目前，中國作協中的少數民族會員占會員總人數的百分之十三，創作了許多優秀作品。

在當下的中國文學創作裡，各種題材的作品都極其豐富，其中長篇小說的發展最為快速，也最為突出。自進入新世紀之後，長篇小說保持著年產一千部左右的數量，二〇〇八年後尤其快速增長，二〇一一年長篇小說出版已達四千三百部，這個數量在世界名列前茅。中國許多長篇小說以鄉土中國歷史敘事見長，代表作有莫言的《蛙》，陳忠實的《白鹿原》，賈平凹的《秦腔》，阿來的《塵埃落定》，畢飛宇的《平原》等；周梅森的

《國家公訴》、陸天明的《高緯度顫慄》，生動描述了中國改革開放的進程；王蒙在《尷尬風流》裡，呈現知識分子的精神歷程；遲子建的《額爾古納河右岸》、阿來的《瞻對：終於融化的鐵疙瘩——一個兩百年的康巴傳奇》，則反映了少數民族的滄桑歷史和民族精神。在以「小人物」表現大社會方面，有余華的《兄弟》，東西的《後悔錄》，王安憶的《遍地梟雄》，畢飛宇的《推拿》。另外像鐵凝的《笨花》，莫言的《生死疲勞》，

▲ 小說《狼圖騰》封面

史鐵生的《我的丁一之旅》，范穩的《悲憫大地》，劉慶邦的《紅煤》，還有以動物文化為題材的如姜戎的《狼圖騰》、楊志軍的《藏獒》，等等。這些優秀長篇小說代表了新世紀以來中國文學的創作成就與藝術水準。

在紀實文學方面，何建明的《國家——2011，中國外交史上的空前行動》、方方的《武昌城》、陳啟文《北京風暴》、葉多多《一個人的滇池保衛戰》等是近年來報告文學的力作。而傳記文學部分，不少作品由人的命運探悉歷史命運的深度與力度，比過去有了較大幅度的突破。在散文、隨筆方面，歷史文化角度的大散文蓬勃發展，馮驥才、孫郁、韓小蕙、徐剛等是其中的代表。此外，寫自然變化、環境問題的生態主題散文也漸成氣候，引起了人們的廣泛關注。

下面的幾個數字也許能夠映射當前中國文學的發展狀況：文學期刊九百多家，出版社每年出版的散文集在一千部上下，展示了文學的繁榮景象。小說《秦腔》出版不到一個月，銷量突破二十萬冊。二〇一三年，《兒童文學》迎來創刊五十週年，這本刊物月發行量逾百萬份，為許多兒童提供了精神食糧。在二〇一一年由聯合國評出的全球十大圖書中，著名的兒童文學作家鄭淵潔創作的《皮皮魯總動員》，與英國作家 J.K.羅琳的《哈利波特》並列第四。另一個兒童文學作家楊紅櫻，從事創作三十年，作品達八十七部，銷量超過六千萬冊。

莫言獲得二〇一二年度諾貝爾文學獎，是中國文學走向世界的一個標誌性事件。莫言一九八〇年代中期創作的「紅高粱」家族系列小說，被稱為「強悍的民風與凜然的民族正氣的混聲合唱」，被翻譯成二十多種文字在全世界發行。新世紀以來，他在經歷了先鋒性與本土性、實驗性與民族化的相互碰撞、激盪，兼收並蓄外來文學資源和本土文學傳統的基礎上，

▲ 二〇一四年四月二十日，兒童文學作家楊紅櫻（右二）在山東省即墨市新華書店與小讀者交流創作心得。

▲ 二〇一二年十二月十四日，諾貝爾文學獎得主莫言（中）參加頒獎典禮後回國，在北京首都機場受到熱烈歡迎。

不斷超越自我，創作了大量中短篇作品及《豐乳肥臀》《檀香刑》《生死疲勞》《蛙》等極具分量的長篇小說。《蛙》獲得中國文學最高榮譽獎——第八屆茅盾文學獎。莫言被授予諾貝爾文學獎的理由是，通過魔幻現實主義將民間故事、歷史與當代社會融合在一起。莫言的獲獎，是對他個人突出文學成就的褒揚，同時意味著世界對中國當代文學的某種肯定，無疑會帶動世界對中國文學的更多關注。

二十世紀九〇年代以來，隨著中國經濟的市場化、信息的科技化、文化的大眾化、傳媒的娛樂化的逐步興起與興盛，文學發展出現「一分為三」新格局：以文學期刊為陣地的傳統型文學，在守望中繼續堅持；以市場運作為手段的市場化文學（或大眾化文學），在探索中不斷鋪展；以網

◀ 莫言作品《蛙》的封面

絡傳媒為平台的新媒體文學，在分化中強勢繁衍。文學出現了前所未有的紛繁情勢。

新興網絡文學自二十世紀末出現，至今不過十幾年時間，但發展極為迅速。除了作品總數增長快、存量大，作品構成多樣化、類型多之外，網絡文學還具有參與人數廣泛、受眾人群眾多的特點，從而成為當今中國文壇最為龐大的文學存在。一度低迷的詩歌寫作，也通過「網絡詩歌」「打工詩歌」的方式，獲得了新的生機。截至二〇一一年十二月底，有經常更新的文學網站超過五百家；以不同形式在網絡上發表過作品的人數高達二千萬人，其中註冊網絡寫手二百萬人，他們打破文體界限，進行跨文體寫作，通常以類型化的形式呈現，比如網遊、都市、穿越、懸疑、玄幻。二〇一三年文學網民人數二點七四億，某種意義上開闢了全民文學模式。二〇一三年五月至十月，國內二十三家大型互聯網企業共同舉辦「二〇一三互聯網文化季」，先後推出網絡長、短篇小說大賽及微小說大賽，僅僅盛大文學旗下原創網站共計投稿三十萬部，入圍作品一百二十部，瀏覽量過億次。

網絡文學由網絡寫手們的自娛自樂發展為一股不容忽視的文學力量。目前在網絡平台上堅持寫作並靠稿費得以生存的寫作者有三萬多人。這樣的一個從業數量，與體制內專業作家和半專業作家的數量總和不相上下。從寫作的趨向上看，一部分網絡文學與傳統文學在題材、內容和風格上的邊界日益消弭，逐漸被傳統文學界所接納，一些作品被改編為電視劇，最成功的有《甄嬛傳》《步步驚心》《杜拉拉升職記》等。中國作家協會公布二〇一三年發展會員名單，十六名網絡作家入選。網絡文學以非專業性的寫作演練，以及向類型化不斷傾斜的基本走勢，成為大眾化文學的主要

▲ 二〇〇八年十月二十八日，由中國作家協會主導的「網絡文學十年盤點」活動在北京拉開序幕，這是實體原創主力與電子原創圈子首次打破藩籬的聚會。

構成。

但是，網絡文學作品質量良莠不齊，傳統文學仍扮演著引領的作用，各地的作協、文聯注重網絡文學新人的聯絡與培養，把他們作為文學寫作的後備力量之一。二〇一三年十月，由中國作家協會指導、「中文在線」發起成立了公益性網絡文學大學，為全國網絡文學作者提供免費培訓，目標是每年培訓十萬人次。作家莫言擔任名譽校長。

新世紀以來的中國文學面臨的挑戰是，隨著文學商業化步伐的加快，通俗化成為流行的文化思潮，很多文學作品思想膚淺、藝術性不高。人們意識到，作家需要堅守文學的靈魂，把筆觸深入到生活激流的底部，深入到人的內心深處，去深刻反映這個時代，提升文學的內在品質，才能生成中國文學的大氣象。

中國影視的號召力日益提升

一百多年前，中國人將傳統的戲曲文化與新生的電影技術巧妙結合，創造了獨特的「影戲」電影，宣告了中國電影的誕生。直到上個世紀七〇年代，電影是備受觀眾歡迎的大眾文化，在二十世紀七〇年代末，電影觀眾達到年二百九十三億人次、人均二十八次的頂峰。

多品種、多類型、多樣化是當前中國電影創作的突出特點。二〇〇二年中國電影開始實施面向市場的全面改革，進一步激發了創作活力，領軍人物是二十世紀八〇年代中期成長起來、開創中國電影新時代的第五代導演，代表人物是張藝謀、陳凱歌、馮小剛等。

以《紅高粱》成名的張藝謀從本土文化土壤中吸納養分，借鑑國際先進電影經驗，開啟了中國電影的「大片時代」。他用天馬行空的想像，奇幻的故事，全明星陣容，唯美的動作設計，吸引了大批電影觀眾，並多次獲得國際電影節大獎。張藝謀導演的《大紅燈籠高高掛》《菊豆》《英雄》獲奧斯卡金像獎最佳外語片提名；《搖啊搖，搖到外婆橋》《十面埋伏》和《滿城盡帶黃金甲》獲奧斯卡金像獎最佳攝影、最佳服裝設計提名，他成為中國在國際影壇最具影響力的導演。張藝謀還成功執導了二〇〇八年北京夏季奧運會開幕式，其展示的藝術之美、文化之美，令全世界驚豔。二〇一〇年，張藝謀導演的《山楂樹之戀》返璞歸真，影片講述了一段真心付出、至死不渝的愛情故事，而男女主角都是第一次演電影的新人，該片創造了當年中國電影文藝片最高票房紀錄。

馮小剛則開拓了中國內地「賀歲片」的領域。他緊緊抓住中國本土觀

▲ 張藝謀導演的《秋菊打官司》電影海報

眾的生活趣味和當下的日常經驗，追求故事的感人，以較低成本的運作獲
得本土觀眾積極的反應。他拍攝的《甲方乙方》《大腕》《手機》《天下無
賊》《非誠勿擾》等電影，以喜劇形式聚焦社會問題，用自我調侃的幽默
語言和機智的生活態度，以及獨特的溫情、平民傾向所造就的感傷，使人
們在歡笑中體味豁達人生。近年來，馮小剛嘗試超越自己，把已獲得公眾
認可的「溫情」和「感傷」的故事韻味與大片極強感染力的視聽效果相結
合，製作了《夜宴》《集結號》，給中國「大片」帶來更加多樣化的面貌。
他還拍攝了根據劉震雲小說《溫故一九四二》創作改編而成的影片《一九
四二》，風格凝重。

陳凱歌善於剖析歷史和傳統的重負對人精神的制約與影響，以其深厚的文化底蘊和紮實的藝術功力，表達強烈的人文意識和美學追求，並調動多種電影手段，形成了獨特的沉重而犀利、平和而激越的電影風格。他拍攝的電影被稱為文化電影。代表作有《黃土地》《霸王別姬》《梅蘭芳》等。近年，陳凱歌還拍攝了《搜索》一片，關注輿論暴力中各種人的狀態和變化，描述人們內心善與惡交戰。

　　現實主義創作精神是中國電影的傳統及藝術品格，變動不居的大時代對於當代藝術創作者有著強烈的吸引力。近年來，不少中國電影人將現實主義的創作手法上升為一種自覺。從《失戀33天》《鋼的琴》《桃姐》到《北京遇上西雅圖》《致我們終將逝去的青春》《中國合夥人》，儘管它們探討的話題、表現的手段各不相同，電影風格或寫實、或懸疑、或批判，但相同的是將鏡頭對準轉型期普通人的生活狀態和現實困境，以充滿溫情的目光觀察個體命運、揭示人性掙扎、表達人文關懷。現實主義精神重新崛起，有利於扭轉娛樂至上、閉門造車、簡單模仿等過於商業化的傾向。

　　中國第五代導演曾創造了中國電影輝煌，把獨具中國特色的影片送到了國際電影舞台上。近年來，以賈樟柯和陸川等為代表的新一代導演也在成長，他們在藝術手法上敢於創新突破，在國際電影界產生了相當影響。賈樟柯的《小武》《站台》《任逍遙》《世界》《三峽好人》等表現二十世紀九〇年代以來人們的日常生活。他的首部長片《小武》就得到法國《電影手冊》好評。二〇〇六年，他憑藉《三峽好人》榮獲威尼斯國際電影節金獅獎及洛杉磯影評人協會獎最佳外語片獎，二〇一〇年，洛迦諾國際電影節授予賈樟柯終身成就金豹獎，他成為有史以來獲此殊榮最年輕的電影人。賈樟柯說：「我想用電影去關心普通人，首先要尊重世俗生活。在緩

慢的時光流程中，感覺每個平淡的生命的喜悅或沉重。」

　　陸川二〇〇二年編劇、導演電影處女作《尋槍》，在影壇嶄露頭角。
此後，他拍攝的《可可西里》《南京！南京！》等先後獲得多項國內外大
獎。

　　一批跨界的新生代導演表現了很好的潛質。徐靜蕾最先「演而優則
導」，於二〇〇三年自編、自導、自演了電影《我和爸爸》，這部投資僅

▲ 電影《致我們終將逝去的青春》海報

▲ 中國導演賈樟柯在第六十三屆威尼斯電影節上憑藉《三峽好人》摘得電影節「最佳影片金獅獎」。

二百萬的影片榮獲第二十三屆中國電影金雞獎最佳導演處女作獎。之後，她又導演了《將愛情進行到底》《一個陌生女人的來信》《杜拉拉升職記》等一系列作品。演員徐崢和趙薇分別執導了《泰囧》和《致我們終將逝去的青春》。《北京遇上西雅圖》的導演薛曉路是北京電影學院文學系教師；《畫皮2》導演烏爾善之前則以廣告聞名。

　　不斷發展和繁榮的中國電影越來越吸引世界的目光。二〇一一年，共有二百九十五部（次）中國電影參加了二十八個國家及港澳台地區的八十二個電影節，其中五十五部（次）影片在十八個電影節上獲得八十二個獎項。

中國電影在數量和票房方面均呈現迅猛發展的態勢背後，創作方面卻存在諸多不足。目前，一些大製作電影技術方面已接近國際大片水準，但嚴肅的探索性的電影少人問津，還有電影語言的粗糙化、故事的類同化等，影視的藝術品位有待提高。

近年來，中國電視劇煥發出強大生命力，題材更加廣泛，風格更為多樣，形式不斷出新。代表性作品有《闖關東》《亮劍》《士兵突擊》《長征》《潛伏》《金婚》《鋼鐵年代》等。《李小龍傳奇》《甄嬛傳》等電視劇則在美國電視台播放。

▍舞台藝術多元共生

　　中國舞台藝術中，戲曲藝術是最具民族特色和傳統的代表性藝術。隨著中國經濟轉型帶來生活方式的改變，文化娛樂的多樣化，舞台藝術一度陷入低迷。二〇〇二年，著名劇作家魏明倫引發了一場關於「中國戲劇命運」的大討論。以此為契機，為挽救舞台藝術的衰微，文化部、財政部同年共同實施一項旨在扶持舞台藝術發展的國家舞台藝術精品工程，每年投

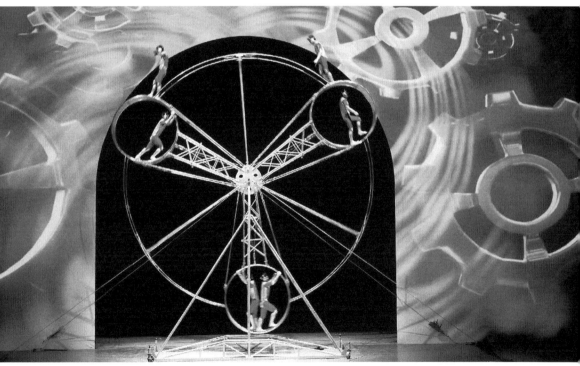

▲ 二〇一二年八月二十八日晚，一台名為《都江堰──時空之旅》的「超級多媒體夢幻劇」在四川都江堰市正式首演，該劇融雜技、舞蹈、戲劇、音樂和世界一流多媒體技術於一體。

入專項資金，扶持優秀作品生產，同時推動藝術院團從人才、資金、劇目策劃、營銷等多方面與外界合作，有效地整合資源和開拓市場。

國家舞台藝術精品工程設立展演推廣機制，即通過戲劇展演、匯演、觀摩比賽進行藝術交流和向市場推廣。二〇一二年全國優秀劇目展演有一百一十九台參演劇目，藝術門類齊全，涵蓋戲曲、話劇、兒童劇和歌劇、舞劇、歌舞詩、音樂劇等主要藝術門類。戲曲中除了京劇、崑劇，還有評劇、河北梆子、豫劇、晉劇、越劇、滬劇、川劇、秦腔等地方戲劇種。參演劇目題材廣泛，有讚頌英雄人物、反映百姓生活的現實題材，也有傳統戲的整理改編和新編歷史劇。這些劇目注重舞台表現形式的創新，借鑑先進的舞台科技手段，不斷豐富和提高作品的藝術感染力和表現力。由中國京劇院、西藏藏劇團進行跨地區、跨藝術品種的合作，聯合排演《文成公主》，將藏戲與京劇有機融合，調動戲曲本體藝術手段，是一次全新的藝術形式探索。上海文廣新聞傳媒集團、中國對外演出公司、上海雜技團、上海馬戲城，將新聞傳媒、海外演出、演員及演出場所等資源有機融合，聯合打造雜技劇《時空之旅》。進行類似藝術嘗試的還有《天鵝湖》等，這些劇目將雜技與舞蹈、戲劇等藝術相融匯，取得了很好的舞台效果，給人以耳目一新的藝術感受。

二〇一〇年以來，文化部連續組織國家藝術院團優秀劇目展演，推動藝術創新，實現「傳統藝術的現代化」和「外來藝術的民族化」，培養中青年藝術人才。二〇一〇年展演劇目三十二台，二〇一一年展演劇目三十六台，其中新創劇目十八台，占百分之五十。二〇一二年展演劇目三十五部，其中新創劇目二十三台，占參演劇目的三分之二。國家還頒發藝術節大獎、文華大獎、「五個一工程」獎、國家舞台藝術精品劇目稱號等，引

導、推動優秀劇目的創作。

京劇是中國的國劇，二〇〇五年，文化部與財政部制定了《國家重點京劇院團保護和扶持規劃》。二〇〇五年至二〇一〇年，中央財政共投入專項資金五千萬元。二〇一一年起，《規劃》進入第二期，每年繼續投入一千萬元對國家重點京劇院團予以扶持。

十幾年來，戲劇藝術創作得到政府的大力支持，二〇一三年六月，國家藝術基金設立，將通過項目補貼、優秀獎勵、匹配資助等方式，支持優秀劇目發展。東北二人轉、蘇州評彈、常德鼓書、溫州鼓子詞、陝北說

▲ 二〇一二年十一月四日，北京小百花越劇團在西城區文化館演出。

書、河南墜子等說唱樣式,在當地政府的扶持下,經過曲藝工作者的努力保持著鮮活狀態,發展態勢良好。

此外,國家大力倡導還戲於民。首先鼓勵戲劇題材貼近民眾。現實題材戲劇更多地把目光投向普通百姓的平凡生活,努力通過平民視角、現代審美,讓戲劇回歸市場。其次是鼓勵戲劇民營、民間化。據中國曲協調查,目前全國擁有民營曲藝團體三千餘家、國有曲藝團隊七十多個,從業總人數二十五萬餘人,出現了林兆華戲劇工作室等品牌民營劇團。地方民間劇團興盛,浙江就有幾百個民營越劇團。中國映山紅民間戲劇節每兩年一屆,為民營劇團提供了一個展演交流的平台。還有一些民間自發組成的戲迷劇團,平時工作,空閒演戲,自導自演,自娛自樂。學生戲劇活動活躍,戲劇專業和業餘的學生劇社,其成員既是戲劇的基本觀眾,也是戲劇的後備力量。

中國戲劇生產已呈多元共生的態勢。始於二十世紀八〇年代的小劇場戲劇受到市場歡迎,一些有影響的實驗性小劇場劇目已經進入大劇場演出,並參加國家級獎項曹禺戲劇獎的評選,品種也從話劇擴展到京劇、滬劇和崑劇等。小劇場劇目準備週期短,花費少,成為戲劇生產中重要的一維。在京、滬等地,反映都市白領生活百態、以白領為主要觀眾的「白領話劇」成為一道非常獨特的景觀。

中國先鋒戲劇的探索引人注目,其代表人物是孟京輝。二〇〇七年,由孟京輝執導的話劇《兩隻狗的生活意見》上演,以「狗」的視角觀察世界,用幽默、諷刺手法控訴社會怪象,帶給人們歡笑與反思,也傳遞樂觀的生活態度。這部劇形式新穎,將即興表演和現實主義表演熔為一爐,兩位演員在兩個小時的演出中表演三十多個角色,帶領觀眾在輕鬆幽默的氣

▲ 二○○七年五月十五日，孟京輝導演的話劇《兩隻狗的生活意見》在先鋒劇場上演。

氛中體味紛繁的生活。截至二○一三年十一月，該劇目六年時間在中國三十座城市，以及美國華盛頓肯尼迪藝術中心和英國愛丁堡國際藝術節演出，共計達到一千場。孟京輝導演的改編自先鋒作家余華同名著作《活著》的話劇也非常成功，被認為是藝術與商業雙重成功的典範。

　　新世紀以來的中國舞劇創作，數量可觀，近年來創作的《紅河谷》《千手觀音》《俏夕陽》《大紅燈籠高高掛》《月上賀蘭》《孔雀》等皆堪稱佳作。大型音樂舞蹈史詩《復興之路》演出一百場，二十餘萬觀眾觀看了現場演出。二○○七年一月首演的舞劇《月上賀蘭》，是首部全景式反映回族歷史風情的大型舞劇，講述的是古絲綢之路上的穆斯林商隊與賀蘭山下百姓間的一段傳奇感人的愛情故事，以恢宏壯麗的舞蹈場面再現伊斯蘭文明與

▲ 二〇一二年六月十八日晚，大型原創回族舞劇《月上賀蘭》在北京梅蘭芳大劇院上演。該劇禮讚了不同文明不同民族間的和諧相處、和平發展。

中華文明和諧、交融與發展的歷史。全劇以西北地區各少數民族民間舞蹈和阿拉伯舞蹈為主體，融入了現代舞和芭蕾舞元素，將地域性文化符號表現在舞台背景及道具之中，不僅在國內演出四百三十餘場，並多次赴埃及、卡塔爾、阿爾及利亞等阿拉伯國家訪問交流，成為中國對外交流的「文化名片」。

在舞蹈藝術方面，民族舞蹈家楊麗萍在上世紀八〇年代以自編自演的《雀之靈》紅遍國內外。她的主要作品還有《月光》《兩棵樹》《珠穆朗瑪》《拉薩河》等。二〇〇三年，楊麗萍創作了大型原生態舞劇《雲南映像》，將原生的鄉土歌舞精髓和民族舞經典全新整合重構，集合了傳統與現代之美，具有高度的藝術性和觀賞性。二〇〇九年，她編導並主演《雲南的響

聲》，再獲成功。二○一二年她創作並主演的多民族原生態舞劇《孔雀》，圍繞生命和愛兩個永恆的主題展開，向觀眾傳遞藝術家對藝術和生命的思考和感悟，表達了對自由、對生命本真的追求。舞劇中，原生、古樸的民族歌舞與新銳的藝術構思碰撞，用色彩來展現春夏秋冬的輪迴。此劇成為二○一三年中國最受歡迎的舞劇。

由中國政府主導的文化建設主要是一些基礎性文化事業，包括構建公共文化服務體
系，保障人民基本文化權益、滿足人民基本文化需要；保護文化遺產，傳承中華文
明；規範漢字，推廣普通話，保護各民族語言文字。

公共文化服務體系框架基本建成

　　中國公共文化服務體系以政府為主導，以公共財政為支撐，以公益性文化事業單位為骨幹，以全民為服務對象，以基層特別是農村和中西部地區為重點，按照公益性、均等性、基本性、便民性等原則構建。政府滿足人民的基本文化權益或基本文化需要，包括讀書看報、聽廣播看電視、進行公共文化鑑賞、參加公共文化活動等。

　　中國的文化事業單位主要包括兩類，一類是國家興辦的圖書館、博物館、文化館（站）、科技館、群眾藝術館、美術館等公益性文化事業單位。另一類是電台、電視台、通訊社、時政類報刊、黨報、黨刊，少數承

▲ 二○○七年三月三十日，第十五屆中國國際廣播電視信息網絡展覽會在北京開幕。圖為新農村文化建設的一號工程——「廣播電視村村通」展示區。

擔政治性、公益性出版任務的出版單位，重要社會科學研究機構，體現民族特色和國家水準的藝術院團，等等。

自 2003 年文化體制改革啟動以來，中國政府大力推進公共文化服務體系建設。按便利、基本、均等、普惠的原則，國家投資實施文化信息資源共享工程、廣播電視村村通、農家書屋、農村電影放映工程、鄉鎮綜合文化站建設工程等 5 項文化惠民工程。從 2004 年開始，中國各級各類國有博物館、紀念館、美術館、有條件的愛國主義教育基地等公共文化設施逐步實行了免費或者優惠開放制度。2005 年政府決定加大對文化事業的投入。「十一五」（2006-2010）時期全國文化事業費共計 1220 億元，年均增長 19.3％，並且建立中央財政和地方財政合理分擔的公共文化機構運行經費保障機制。

目前，覆蓋城鄉的公共文化服務網絡已初步形成。2013 年底，全國共有公共圖書館 3112 個，全國免費開放的博物館 2780 個，文化館 3298 個，鄉鎮綜合文化站 34139 個，基本實現每個鄉鎮和社區有綜合文化站、村村有農家書屋。每萬人擁有群眾文化設施面積 221.2 平米。全國共有各類廣播電視播出機構 2579 座。有線電視用戶 2.24 億戶，有線數字電視用戶 1.69 億戶。年末廣播節目綜合人口覆蓋率為 97.8％；電視節目綜合人口覆蓋率為 98.4％。

許多城市實現各級各類公共文化設施完善配套，形成「15 分鐘公共文化服務圈」。設在家門口的社區文化中心有圖書室、電子閱覽室、棋牌室、健身室等。群眾性的文化活動豐富多彩。深圳市從 2000 年開始舉辦讀書月活動，迄今舉辦 14 屆，營造一種「以讀書為樂」的生活方式。2013 年，深圳獲得聯合國教科文組織授予的「全球全民閱讀典範城市」

稱號。

　　全國文化信息資源共享工程自 2002 年啟動實施以來，已基本建成六級服務網絡。截至 2013 年底，已建成 1 個國家中心，33 個省級分中心，2843 個縣級支中心，29555 個鄉鎮基層服務點，60.2 萬個行政村基層服務點，數字資源建設總量已達到 136.4 萬億字節，累計服務人次超過 13 億。這是中國公共數字文化建設水平逐步提高的重要體現。數字圖書館推廣工程建設速度很快。2011 年啟動，到 2013 年 8 月，虛擬網已經覆蓋了

▲ 國家圖書館二期新館是國家「十五」重點文化工程建設項目，於二〇〇八年九月九日開館接待讀者。

包括國圖在內的百餘家圖書館，推廣工程虛擬網骨幹網絡基本搭建完成。藉助虛擬網，地方圖書館不僅可以訪問國家圖書館的海量數字資源，還可以在省內各館之間便捷地進行數據傳輸，實現數字資源與服務的共建共享。

中國在公共文化服務體系建設中努力縮小各種差距。首先，注意區域的平衡。中央和省級財政設立了專項扶持資金，加大對農村地區特別是老、少、邊、窮地區文化建設的扶持力度。「十一五」（2006-2010）期間，

▲ 二〇一四年二月二十日，廣西龍勝各族自治縣和平鄉黃洛瑤寨的瑤族婦女在村裡的農家書屋閱讀。

國家對農村地區文化建設的投入 4 年間增幅達到 140.98％，對中部和西部地區文化建設的投入增幅達到 133.8％和 154.5％，基本實現了每一個鄉有綜合文化站，基本具備互聯網接入能力，100％的行政村和 95％的 20 戶以上自然村通電話。農村電影放映工程年放映 800 多萬場，基本實現一村一月免費放映一場電影，正努力實現有條件縣城的數字影院覆蓋。國家投入資金 180 多億元，建成達到統一規定標準的農家書屋 60 多萬家，配備圖書 9.4 億冊、報刊 5.4 億份、音像製品和電子出版物 1.2 億張、影視放映設備和閱讀設施 60 多萬套。

其次，廣泛開展針對特殊群體的公共文化服務，加強對未成年人、老年人、進城務工人員、低收入人群、殘障人群文化權益的保障。2010 年 5 月，國家圖書館少年兒童館暨少兒數字圖書館正式開放。推動電視節目加配字幕和手語，利用互聯網對重大活動開展文字視頻無障礙網上直播服

▲ 二〇一〇年五月三十一日，國家圖書館的少年兒童數字圖書館正式開館。

務，惠及聽障人群達 7 萬多人次。2012 年，「中國盲人數字圖書館」和「中國殘疾人數字圖書館」為超過百萬的殘疾人提供無障礙圖書、講座、音樂等文化服務。實施公共電子閱覽室建設計劃，已建設鄉鎮、街道、社區等各級站點 42654 個，重點向未成年人、老年人、農村進城務工人員等群體提供服務。2011 年，國家有關部門聯合下發《關於進一步加強農民工文化工作的意見》，提出了以公共文化服務體係為支撐，逐步形成「政府主導、企業共建、社會參與」的農民工文化工作機制的總體思路。

第三，大力保障少數民族文化權益。國家編制實施《少數民族事業「十二五」規劃》。到 2013 年底，民族自治地方有廣播電台 73 座，節目 441 套，民族語節目 105 個；電視台 90 座，節目 489 套，民族語節目 100 個。全國有出版 23 個文種的少數民族文字圖書的出版社 32 家，民族語言文字類音像電子出版單位 13 家，編輯出版民族文字期刊 222 種、民族文字報紙 99 種、民族文字圖書 9429 種。全國民族自治地方有各類文化機構 50834 個，其中包括圖書館 653 個，文化館 784 個，文化站 8153 個，博物館 385 個。

從 2010 年開始，文化部積極開展全國文化志願者邊疆行活動，3 年來共有 20 多個內地省（市）和單位組成 50 多支志願團，招募 2000 多名文化志願者，先後為 12 個邊疆民族省、區和新疆生產建設兵團組織文藝演出 450 多場，業務培訓 2000 多學時，文化展覽 600 多天，惠及數十萬人次。

2013 年，中央財政用於公共文化服務體系建設的資金 170 億元，比上年增加 16 億元，增長 10.55％。在資金支出時切實貫徹落實增量經費主要用於基層、用於農村的規定，並向老少邊窮地區傾斜。公共文化服務體

▲ 二〇一二年十一月十一日，中國共產黨第十八次全國代表大會新聞中心召開中外記者招待會，主題為「文化體制改革和公共文化服務體系建設」。

系建設的成果已經切實惠及基層百姓，但政府還需要付出更大努力。目前在這一領域存在的主要問題是，參與公共文化建設的主體單一。目前主要是各級政府和國有文化事業單位承擔，而企業、民辦公益文化單位參與度不夠；財政資金和重大文化惠民工程分散在各個部門，缺乏統籌和整合，沒有發揮綜合效益；資源總量不足與結構失衡的問題並存，不能充分滿足群眾需求；專職公共文化隊伍數量嚴重不足，文化義工少，農村文化管理員隊伍不穩定，服務水平參差不齊；區域、城鄉發展的差別還較大。

　　中國政府正在努力完善體系、提升效能、促進均等，以實現公共文化服務標準化、均等化、社會化：一是進一步深化體制機制改革，加快政府職能轉變，建立文化行政部門宏觀管理和行業微觀管理相結合的公共文化

管理體制。推動公共圖書館、博物館、文化館等公共文化機構建立法人治理結構，加快建立公共文化服務體系建設協調機制，對全國公共文化資源、渠道、載體進行統籌規劃、合理配置。二是以基本公共文化服務保障標準為依據，推動中央財政加大對中西部地區、貧困地區、少數民族地區、邊疆地區的轉移支付力度，促進公共文化資源的合理配置。三是引導和鼓勵社會力量參與公共文化服務，實現公共文化服務供給主體和方式的多元化。建立以效能為導向的績效考核評價機制，完善公共文化服務效能建設的制度保障。計劃目標是，到二〇二〇年「文化產品更加豐富，公共文化服務體系基本建成」。二〇一四年三月，由文化部牽頭的國家公共文化服務體系建設協調組成立，以推動建立穩定的公共文化服務保障機制，促進五大惠民工程融合發展，以貧困地區為突破口促進公共文化服務均等化發展。

▌保護文物，傳承文明

　　中國悠久的歷史和眾多的民族，積澱了極為豐富的文化遺產。中國把保護文化遺產作為文化建設的一個重要方面，以傳承中華文明。

　　新中國一成立，中央人民政府政務院即頒布法令、建立機構，對外禁止盜運、對內嚴禁破壞，改變了中國文物被掠奪、被破壞的歷史。文化部成立文物局，全國各地設有文物考古研究所、博物館、紀念館、古建築保護研究所等文物事業單位，負責本地區的文化遺產調查、發掘、研究、保護以及文物藏品的收藏、保管、研究和展示工作。一九六〇年國務院通過了《文物保護管理暫行條例》及第一批共一百八十處全國重點文物保護單

▲ 二〇〇七年十二月十六日，全國政協「京杭大運河保護和申遺」考察團專家在進行實地考察。

位名單。1981 年國務院再次組織在全國範圍內開展文物普查、複查工作，次年公布了國家第一批歷史文化名城 24 座和第二批全國重點文物保護單位 62 處，並制定《中華人民共和國文物保護法》。新世紀以來，2002 年中國修訂《文物保護法》，國務院先後頒布了《文物保護法實施條例》（2003 年）、《長城保護條例》（2006 年）和《歷史文化名城名鎮名村保護條例》（2008 年）。60 多年來，中國已制定頒布涉及文化遺產保護事業的相關法律法規、部門規章及規範性文件等近 400 項，中國文化遺產保護已步入法制化、規範化的軌道。2006 年，中國確定每年 6 月的第二個星期六為「文化遺產日」，積極推動全社會關注文物保護，文化遺產人人保護、保護成果人人共享的氛圍與意識。

中國《文物保護法》規定，對文物「保護為主、搶救第一、合理利用、加強管理」。2011 年，國家完成第三次全國文物普查，調查登記不可移動文物近 77 萬處。國務院公布 7 批全國重點文物保護單位，共計 4295 處，歷史名城 119 座，歷史文化名鎮、名村 350 個；一大批具有重要歷史、藝術、科學價值的工業遺產、鄉土建築、20 世紀遺產、文化線路、文化景觀等新型文化遺產在普查中得到充分重視。全國長城資源調查田野工作全部完成，初步建成中國長城資源信息系統。到 2013 年，中國進入《世界遺產名錄》的世界遺產總量達到 45 處，位居世界第二。其中世界文化遺產 31 項，世界文化與自然混合遺產 4 項，世界自然遺產 10 項。目前，絲綢之路跨國聯合申遺成功，大運河保護和申遺工作全面啟動。中國還積極參與國際文化遺產保護工作，參與援助柬埔寨吳哥古蹟修復國際行動，無償援助蒙古國博格達汗宮博物館維修工程等項目。

在中國文物系統 2292 座博物館和 551 座行業博物館中，收藏有文物

▲ 二〇一〇年二月二十三日，中國國家博物館、北京大學考古文博學院和肯尼亞國家博物館在王府井大飯店舉行「中國和肯尼亞合作實施拉穆群島地區考古項目」的合同簽字儀式。

2864 萬餘件（組），還有大量文物收藏於其他國有單位和民間機構。中國民辦博物館有 479 座。博物館是文物的展示平台，博物館免費開放已納入公共文化服務體系建設。除基本陳列外，全國博物館每年舉辦展覽超過 1 萬場，僅 2013 年接待觀眾 63777 萬人次。

中國曾經是文物流失大國，1840 年鴉片戰爭以來由於戰爭、盜掘、不正當貿易等，無數國寶流失海外。1997 年，中國加入《關於被盜或非法出口文物公約》，目前已與 14 個國家簽署了雙邊協定，追索因戰爭等原因而被搶奪或丟失的文物，並已成功追回流失境外中國文物 3000 餘件。2003 年，中國從香港某拍賣公司依法索回河北承德避暑山莊博物館被盜的 49 件珍貴文物。2005 年，被八國聯軍當作戰利品的天津塘沽大鐘

▲ 二〇一三年四月二十六日，法國皮諾家族宣佈，將向中方無償捐贈流失海外的圓明園青銅鼠首和兔首。

歸還給了天津。中國啟動「國寶工程」，回購流失文物，投入大量珍貴文物徵集經費，徵集重要文物一萬餘件。二〇一三年四月二十六日，法國皮諾家族在北京宣佈向中方無償捐贈流失海外的圓明園青銅鼠首和兔首。

　　中國加強世界文化遺產、大遺址、歷史文化名城（街區、村鎮）和文物保護單位的保護管理，累計實施的各類文物保護項目超過二萬六千個，第一批至第五批一二七二個全國重點文物保護單位險情排除基本完成，第六、七批三千餘處全國重點文物保護單位搶救保護工程正在推進；三峽工程是個文明工程。為做好文物保護，先考古發掘，集中全國考古力量進行了十年的文物發掘、保護工作，然後才動工搬遷；開展災後文物搶救保護工作。《汶川地震災後恢復重建條例》包含藏族和羌族民族文化遺產的保

▲ 安徽黟縣盧村以規模宏大、雕刻精美的木雕樓群而著稱，享有中國木雕第一樓之譽，是徽派民居的精華。

護，現在建設有茂縣羌族博物館新館、北川羌族民俗博物館。世界文化遺產都江堰古建築群災後搶救保護工程已經竣工。中國還不斷拓寬文物工作領域，開展了大遺址、近現代文物、二十世紀遺產、工業遺產等文物保護項目。

中國古建築正在嘗試通過「活化」方式來保護。一種是通過旅遊開發，在保護中開發，在開發中保護——政府資金做保障、引導，對古建築進行整體修葺，整舊如舊，吸引遊客前來觀光，再通過旅遊收入彌補保護資金的不足。另一種方法是重新組織、整體搬遷。將聚集散落在各個村莊的零星古建築，選擇一個新地點重新復原，修舊如舊。

隨著中國城市化進程加速，像徽派民居、北京四合院、山西大院這樣承載著中國千百年歷史記憶的古民居，許多已遭荒棄或被拆毀，正在快速

消失。一些專家提出要把保護優秀的鄉土建築的文化遺產作為城市化戰略的重要部分。一些地方政府也提高了認識，制定相關政策，堅持「先考古勘察，後出讓地塊」的原則，避免對重要古建築的破壞。人們對古建築所具有的獨特文化價值越來越重視。

中華古籍保護也取得重要進展。二〇〇八年三月以來，國務院公布四批《國家珍貴古籍名錄》，共收入珍貴古籍計一萬一千三百七十五部，全國古籍收藏單位已超過二千家。國家清史纂修工程、中華古籍特藏保護計劃等重大項目繼續實施，以中華古籍全書數字化出版、中華大典編纂出版為代表的國家重大出版工程也已啟動。有關方面還加強民族古籍和文物搶救工作，搜集、整理少數民族古籍，編纂《中國古籍總目提要》《中國少數民族古籍總目提要》，做好格薩爾、江格爾、瑪納斯等古典民族史詩的整理出版和優秀少數民族文學作品的翻譯出版工作，充分發揮高等學校和學術機構整理、研究和編纂傳統文化典籍的作用。

為搶救流散到海外的中華古籍，中國社科院歷史所組織成立了域外漢籍珍本文庫編纂委員會，出版《域外漢籍珍本文庫》。這是中國第一次大規模地系統整理海外漢文古籍的文化活動。這套「域外文庫」已出版三輯，所收海外文獻，包括宋元珍本、明清佳刻、名稿舊抄以及域外精著，共計六百多種，絕大多數為國內首度出版。預計文庫出齊將達到八百冊之巨，囊括二千多種被掠奪出境的中華珍稀典籍，收錄存於世界五十多個國家的十萬冊漢籍中的「精華」。

保護非物質文化遺產

　　中國的非物質文化遺產保護從二十一世紀初起步。二〇〇〇年五月，雲南省首先審議通過《雲南省民族民間傳統文化保護條例》。二〇〇三年十月十七日，聯合國教科文組織通過《保護非物質文化遺產公約》，作為文化遺產大國，中國於二〇〇四年八月率先加入該公約，積極履行公約義務，學習借鑑他國保護經驗、參與國際交流與合作。二〇〇五年國務院辦

▲ 二〇一三年十二月十一日，湖北省宜昌市皮影戲。皮影戲在中國擁有二千多年的歷史，這一古老而神奇的傳統藝術如今正逐漸成為淡出視線的「光影精靈」。

公廳頒發的《關於加強我國非物質文化遺產保護工作的意見》和《關於加強文化遺產保護的通知》，就非物質文化遺產保護工作發布指導意見。這標誌著中國非遺保護工作全面展開。二〇〇六年國務院公布了首批國家級非物質文化遺產名錄項目。二〇〇七年，文化部評定並公布了首批國家級非物質文化遺產項目代表性傳承人名錄。二〇〇八年，文化部頒布《國家級非物質文化遺產項目代表性傳承人認定與管理暫行辦法》。二〇一一年，《中華人民共和國非物質文化遺產法》頒布。

於二〇〇五年至二〇〇九年間開展的第一次全國非物質文化遺產普查工作，調查資源八十七萬項，包括數量和項目產生的淵源、演變的歷史過程、現狀、傳承人、保護措施等。在此基礎上，制定保護規劃，建立四級（國家級和省、市、縣級）名錄保護體系和國家級傳承人名錄公布制度。從二〇〇六年到二〇一一年，文化部公布了三批一二一九項國家級非物質文化遺產名錄項目，命名了四批一九八六個國家級項目代表性傳承人。各省（區、市）人民政府公布的省級非物質文化遺產名錄共九千六百四十七項。中國已有崑曲、古琴、新疆維吾爾木卡姆、蒙古族長調民歌、端午節、中國書法、皮影、珠算等三十一項入選聯合國教科文組織「人類非物質文化遺產代表作名錄」，有七項入選「急需保護的非物質文化遺產名錄」，總數達三十八項，成為世界上入選項目最多的國家。

二〇〇九年，「非物質文化遺產節」永久落戶成都，每兩年舉辦一次，通過展示、展演、展銷等形式，呈現來自世界各國和中國各地的非物質文化遺產。

目前，中國的非物質文化遺產保護已從初始的比較單一的項目性保護，進入了整體性、系統性的全面保護階段。主要舉措是：建立非物質文

化遺產名錄體系，繪製國家非物質文化遺產資源分布圖，確立非物質文化遺產傳承人譜系，制定傳承人資助辦法，確定國家級民族民間文化生態保護區，並採取有效措施，保護瀕危的民族文化遺產，有效地實施了對民間文學、民俗文化、民間音樂舞蹈、少數民族史詩等若干非物質文化遺產項目的搶救。

十多年來，中國初步建立了符合國情的非物質文化遺產保護制度，形成了「政府主導、社會參與、明確職責、形成合力」的工作機制。政府主導主要體現在立法、規劃、指導和經費投入方面，而非物質文化遺產項目中作為傳承主體的傳承人，以及作為保護主體的社會有關機構等，共同在保護工作中發揮根本性的推動作用，特別是傳承主體，在中國的保護工作中發揮著關鍵性的作用。據統計，中央財政已累計投入二十一萬二百四十

▲ 二〇一三年六月十五日，第四屆中國成都國際非物質文化遺產節在四川成都開幕。該文化節通過展示、展演、展銷等方式向世人呈現來自世界各國和全國各地精彩紛呈、獨具魅力的非物質文化遺產。

九億元「非遺」保護經費。

節慶和習俗是文化遺產的重要內容，中國在社會生活中強調傳承民族節慶和民俗傳統。在漢民族和少數民族等傳統節日裡，舉辦各種民俗文化活動，展示節慶內容、風俗、禮儀，並深入挖掘民族傳統民俗節日文化內涵，把傳承保護與開發利用相結合。

非物質文化遺產項目的豐富性，決定了保護方式的多樣性。中國對十個門類的非遺項目分別實施了搶救性保護、原生態保護、生產性保護、整體性保護等策略。從整體性保護的原則出發，中國設立國家級文化生態保護實驗區，以維護文化的多樣性、保護文化生態空間的完整性和保護文化資源的豐富性。中國迄今已設立十五個國家級文化生態保護實驗區。

中國對那些瀕臨消亡的非物質文化遺產項目積極保護。自上世紀八〇年代起，中國開展了「民族民間文藝集成」工程，對各地區、各民族的傳統音樂、舞蹈、戲曲、曲藝、故事、神話、傳說、歌謠、諺語、節日文化、長篇敘事詩等進行全面的收集、整理、出版，使之文本化、典籍化，已收集四十多萬則民間故事、五十多萬條諺語、近二十萬首歌謠、一百萬首以上的音樂（包括聲樂、器樂）素材、幾十萬筆傳統節日文化記錄等等文化基礎資源，以文本、曲譜、音響、音像、圖片的方式分別進行數字化處理和保存，已建成戲曲、音樂、舞蹈、曲藝、民間文學等分類數據庫。對民族英雄史詩的收集、整理，中國投入了大量的人力與物力。中國現收集有說唱藝人的錄音九千多盤，並整理出版了部分範本。

為適應「非遺」活態流變性，中國對傳統手工技藝、民間藝術、醫學藥學、飲食等民族文化的寶貴資源要素，尋求通過生產性保護的方式加以傳承和發展。二〇一一年文化部命名了第一批四十一個國家級非物質文化

▲ 二〇一〇年六月九日至十七日，「巧奪天工——中國非物質文化遺產百名工藝美術大師技藝大展」在北京展覽館舉辦。

遺產生產性保護示範基地，其中包括北京的景泰藍製作技藝、榮寶齋木版水印技藝和裝裱修復技藝、山西老陳醋釀製技藝、江蘇省宜興紫砂陶製作技藝、西藏藏醫藥、維吾爾族樂器製作技藝等，這些民族文化中的奇葩通過生產融入當代社會生活而獲得持久性傳承。

　　非遺傳承人的保護是非遺保護的關鍵。非遺傳承人年紀普遍偏大，人走藝絕的現象開始增多。各級政府著力改善傳承主體的生活和工作條件，為他們創造從事非物質文化遺產傳承工作的有利環境，並吸引年輕人安心來學習技藝，實現新老接替，確保非物質文化遺產不會因為傳承人的逝去而消失。

▲ 二〇〇八年八月十五日，在北京民族文化宮舉辦的中國非物質文化遺產傳承人技藝活態表演，集中展示了中國各民族豐富多彩的非物質文化遺產資源。圖為河北衡水藝人王習三展示其內畫技藝。

▲ 二〇一二年六月十二日，古琴、書法、針灸、篆刻、皮影等人類非物質文化遺產代表作名錄項目集中亮相中國國家博物館。圖為榮寶齋木版水印展示。

　　中國幅員遼闊，「百里不同風，千里不同俗」，一些省市根據各地實際情況，制定了地方條例。新疆、江蘇、雲南、浙江、貴州、湖北等省市已出台了非遺地方保護條例。二〇〇八年四月一日，《新疆維吾爾自治區非物質文化遺產保護條例》施行。新疆是歌舞之鄉，擁有新疆維吾爾木卡姆、《瑪納斯》和麥西熱甫[1]三項世界級非物質文化遺產項目，還有國家級非物質文化遺產名錄項目七〇項，自治區非物質文化遺產名錄項目二百三

1　《瑪納斯》是柯爾克孜族（國外稱吉爾吉斯族）英雄史詩，主要講述了柯爾克孜族人民不畏艱險，奮勇拚搏，創造美好生活，歌頌偉大愛情的故事。麥西熱甫是刀朗人的一種舞蹈和娛樂活動形式的名稱，是一種有眾多人員參加、以歌舞為主的大型自娛自樂活動。

▲ 二〇一一年三月十九日，新疆維吾爾自治區阿合奇縣人民廣場上，身著盛裝的柯爾克孜族牧民正演唱英雄史詩《瑪納斯》，慶祝諾魯孜節的到來。

十七項，各地（州、市）、縣還建立了自己的名錄體系，總數接近三千項，涵蓋了民間文學、傳統音樂、傳統舞蹈、傳統戲劇、曲藝、傳統體育等十個門類，其中少數民族項目占百分之九十五以上，民俗、傳統音樂、傳統舞蹈、傳統技藝等類別項目占項目總數的百分之六十以上。

中國五十五個少數民族有五百一十五個代表性項目列入國家級非物質文化遺產保護名錄，五百二十四人成為國家級非物質文化遺產項目代表性傳承人，五個少數民族文化生態保護實驗區先後建立。十八個少數民族項目入選聯合國「人類非物質文化遺產代表作名錄」和「急需保護的非物質文化遺產名錄」。二〇〇九年以來，中央財政累計投入九點一億元實施少數民族特色村寨保護與發展項目，在全國二十八個省區市近千個村寨開展

▲ 新疆維吾爾自治區哈密木卡姆傳承中心舉行歌舞麥西熱甫。

試點。「非物質文化遺產保護工程」保護了這些具有濃郁民族性、地域性和多元性特徵的傳統文化資源。

信息化時代為文化遺產保護提供了便利。中國在「十二五」（2011-2015）時期文化改革發展規劃綱要提出了文化數字化建設工程，包括文化資源、文化生產、文化傳播和文化消費各環節全面數字化。自二〇一一年起，國家啟動全國文物調查及數據庫管理系統建設，歷經十年，全國文物系統博物館採集館藏珍貴文物數據，僅拍攝一級文物照片就達三百八十七萬張。「數字故宮」「數字敦煌」「國家數字圖書館」等實施多年，積

累了諸如「會說話」的《清明上河圖》、「數字敦煌」等數字化產品[2]。二〇一三年五月的深圳文博會上，歷時十餘年，通過數字技術複製的敦煌莫高窟第 220 窟，面積一百二十四平方米，共採集五千三百三十三張原始圖像，經過圖像處理拼接完成得以展出該窟。今後，人們可以在 3D 虛擬環境中觀賞這個始建於前秦建元二年的洞窟內的所有壁畫和彩塑，滿足遊覽、欣賞、研究等需求。拉薩「數字化文物保護工程」也已全面啟動，大小昭寺檔案數字化管理工作也已展開。

實行文化資源數字化是激活中華文化瑰寶、實現中華優秀文化有效傳播和傳承的重要途徑。

2　故宮博物院數字化的「清明上河圖」，既有對畫面的藝術講解，又對畫中場景配以叫賣、說書等各種聲音，給人身臨其境的美妙感覺。

第五章

文化產業發展

大力發展文化產業，使之成為經濟社會發展的重要推動力，是中國建設文化強國的基礎性工程。中國的文化產業在二十一世紀初起步，並迅速走向快車道。

文化市場體系初步形成

由於時代條件限制和認識的不足，中國在很長的時期內習慣於用計劃經濟的手段管文化、辦文化，經營性文化產業與公益性文化事業混同，造成了政府主導的公益性文化事業長期投入不足，而應該由市場主導的經營性文化產業則長期依賴政府。進入新世紀後，中國文化發展思路逐步明晰起來，確認文化具有市場屬性、產業屬性，是文化發展思路調整的關鍵。二〇〇〇年十月，中共十五屆五中全會通過的《關於制定國民經濟和社會發展第十個五年計劃的建議》，提出了「完善文化產業政策，加強文化市場建設和管理，推動有關文化產業發展」的任務。

2003 年開始的文化體制改革，區分公益性文化事業和經營性文化產業，推動一大批國有經營性文化單位成為合格的獨立市場主體。目前，中國基本完成了出版、影視製作、發行、廣電傳輸和一般國有文藝院團、首批非時政類報刊出版單位等國有經營性文化單位的轉企改制。如出版系統，除人民出版社、盲文出版社、藏學出版社和少數民族出版社之外，570 多家出版社一律轉制為企業。1600 多家非時政類報刊，3000 多家發行企業，2100 多家文藝院團，上千家影視公司，也均由「吃皇糧」的事業單位轉變為自負盈虧、自我發展、自我約束的企業。全國重塑了一大批新型市場主體，成為引領文化產業發展的重要力量。據統計，2011 年底，全國共有國有文化企業 1 萬餘家，約有 40％誕生於 2003 年以後的文化體制改革過程中。2013 年發佈的文化企業「30 強」企業中，2003 年以來轉企改制的企業共有 19 家，占總數的 63.3％。國有或國有控股企業 23

▶ 中國出版集團聚集了人民出版社、人民文學出版社、商務印書館、中華書局、新華書店總店等十三家重量級出版、發行單位，被稱為中國出版業的「航空母艦」。

家，包括中國對外文化集團公司、上海文廣演藝（集團）有限公司、中國電影股份有限公司、中國國際電視總公司、中國出版集團公司等，占總數的 76.7％，主營收入 2047 億元，超過入選企業主營收入總和的 80％，反映了國有文化企業是中國文化產業發展的主力軍。2014 年發佈的文化「30強」企業主營收入增加到 2451 億元，淨資產為 2076 億元，淨利潤達到 316 億元，國有或國有控股企業減少到 21 家，占總數的 70％，主營收入和淨資產占入選企業主營收入和淨資產總和的 80％左右，表明國有企業在文化產業發展中發揮著主導和引領作用，在產業鏈短板和區域平衡重點領域以及文化基礎設施建設領域，國有文化企業肩負著引領和擔當的責任。

文化體制改革，大力支持鼓勵社會資本進入文化產業領域，給民營資本帶來了寶貴的發展機遇。2004 年，文化部出台了《關於引導和支持非公有制經濟發展文化產業的意見》；次年，《國務院關於非公資本進入文化產業的若干規定》頒布，明確非公資本進入的具體領域。民營文化企業發展很快，全國從事圖書、電影、電視劇、動漫、遊戲製作的民營投資主體逐步增多。電影業 80% 的市場份額由民營主體占據，近 10 年來票房過億元的國產影片大部分出自民營影視公司。2013 年，華誼兄弟出品的電影總票房突破 30 億元，在國產電影票房前 5 名中該公司出品的電影占據 3 席。在演藝領域，全國民間職業劇團已有 2773 個，個體演職人員共計 2 萬餘人。

　　截至 2013 年 4 月，中國共有文化及相關產業法人單位 69.8 萬家，其中經營性企業法人 60.7 萬家，公益性事業法人（包括社團、基金會）9.1

▲ 二〇一四年五月五日，2014 全球移動互聯網大會在北京舉行，主題為「完美世界」。

◀ 二〇〇九年十二月一日，搜狐新視角經濟學人月度論壇在北京舉行。與會專家學者就「國進民退」等話題展開激烈討論。

萬家。全國已有民營文藝院團 1 萬多家，混合所有制及民營廣播影視製作經營企業 5000 多家，民營企業在印刷複製企業中比重占 80％以上、在出版物發行企業中占 70％以上。上海市核心類文化企業 1.4 萬餘家，其中非公有制文化企業 1.2 萬餘家，占比為 88％。在文化娛樂業、網絡遊戲業、藝術品經營業等領域，非公有制文化企業占比達 95％以上。入選 2013 年度「文化企業 30 強」的有北京萬達、杭州宋城、深圳華強、光線傳媒等 9 家民營文化企業。中國已初步形成了以公有資本為主體，民營和外資迅速進入的多元化文化產業投資格局，民營文化企業正逐步成為推動文化產業發展的重要力量。

中國文化市場體系已經形成基本框架，各層次要素市場表現活躍，但相比之下，企業的市場主體地位有待增強，國有經濟比重過高、民營企業的作用不突出，創新、效率不足，所以要進一步注重多元文化發展主體的培育。文化市場體系配套不完整，人才、信息、物流、基礎設施市場建設不足，需要進一步創新體制機制，建立健全現代文化市場體系，鼓勵非公有制文化企業發展，降低社會資本進入門檻，進一步激發市場主體的活力。

文化產業蓬勃發展

　　中國的文化產業主要指從事文化產品生產和提供文化服務的經營性行業，包括文化藝術、廣播影視、新聞出版發行、工藝美術、文化用品生產等傳統文化產業，以及文化創意、數字出版、移動多媒體、動漫遊戲設計、文化休閒娛樂等新興業態。

　　文化產業是二十一世紀的朝陽產業。中國於二千年將文化產業列入國家「十五」（2001—2005）計劃，國務院出台一系列政策，積極引導文化產業發展。二〇〇九年七月，中國第一部文化產業專項規劃《文化產業振興規劃》，把文化產業上升為國家戰略性產業。二〇一〇年十月通過的「十二五」（2011—2015）發展規劃提出「推動文化產業成為國民經濟支柱產業」。二〇一一年中共十七屆六中全會進一步提出：「推動文化產業跨越式發展，使之成為新的經濟增長點、經濟結構戰略性調整的重要支點、轉變經濟發展方式的重要著力點，為推動科學發展提供重要支撐。」按照國際上通行的標準，支柱性產業的總產值必須占到 GDP 的百分之五以上。為貫徹落實中共十七屆六中全會精神和《國家「十二五」時期文化改革發展規劃綱要》，二〇一二年二月，文化部提出《「十二五」時期文化產業倍增計劃》，確定了十一個重點扶持行業，包括演藝、娛樂、動漫、遊戲、文化旅遊、藝術品、工藝美術、文化會展、創意設計、網絡文化、數字文化服務業。這十一個重點行業及其文化產品大多具有最終需求導向的特點。二〇一四年三月，國務院發布《推進文化創意和設計服務與相關產業融合發展的若干意見》，文化產業發展的思路是把文化創意和設

▲ 電影《人在囧途之泰囧》海報

計服務進一步深度融合到裝備製造業、消費品工業、建築業、信息業、旅遊業、農業和體育等七大產業，以融入國民經濟的「大循環」中。

在國家支持文化產業發展的政策推動下，資源優勢轉化為產業優勢的潛力巨大，文化產業得到快速發展。電影、電視、圖書出版是中國發展最快的文化產業。2003 年中國電影產量在 100 部以下，到 2013 年，中國生產了故事影片 638 部，科教、紀錄、動畫和特種影片 186 部，成為世界第三大電影生產國。2002 年全國電影票房不到 10 億元，2010 年突破 100 億，2012 年突破 200 億元，2013 年則達到 217.69 億，其中國產片票房 127.67 億元，占比 58.65％，同比增長 54.32％；進口片 90.02 億元，占比 41.35％，比上年下降 10 個百分點。2013 年，票房排在前十位的影片，國產片占七席，遙遙領先，《泰囧》《失戀 33 天》《北京遇上西雅圖》《致

◀ 《北京遇上西雅圖》票房破三點五億元。

我們終將逝去的青春》《中國合夥人》等國產中小成本電影都取得了很好的票房。有美國媒體評論，中國電影市場這一年取得了驚人的成績，已走上了類型片之路，幾乎可以對抗好萊塢了。雖然這說法比較誇張，但中國電影產業的加速發展是事實，全國銀幕總數已達 1.8 萬塊。不過，與此同時，中國影院的上座率僅約 15％，一些作品質量有待提高。

2013 年，中國生產電視劇 441 部、15783 集，連續多年穩居世界首位；電視動畫 19.91 萬分鐘，躍居世界首位。這年中國出版各類報紙 476 億份，各類期刊 34 億冊，圖書 83 億冊（張），圖書出版品種、總量穩居世界第一位，電子書出版居世界第二位。2012 年，全國出版業增加值為 16635.3 億元，較上年增長 14.2％；其中，數字出版營業收入 1935.5 億

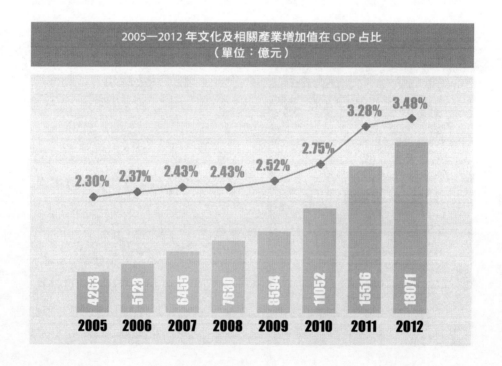

2005—2012 年文化及相關產業增加值在 GDP 占比
（單位：億元）

	2.30%	2.37%	2.43%	2.43%	2.52%	2.75%	3.28%	3.48%
年份	2005	2006	2007	2008	2009	2010	2011	2012
增加值	4263	5123	6455	7630	8594	11052	15516	18071

元，增長 40.5％。2012 年動漫產業突破 470 億元。

中國文化產業整體規模和實力不斷提升，在國民經濟中的比重不斷增加。2004 年中國全部文化產業增加值為 3440 億元，占 GDP 的 2.15％，而 2013 年中國文化產業增加值達到約 2.1 萬億元，約占國民生產總值比重的 3.77％，文化產業對當年經濟總量增長的貢獻率為 5.5％，年均增長超過 23％，高於同期 GDP 年均增速。

許多地區的文化產業發展迅猛。2012 年，北京文化產業法人單位實現增加值 1474.9 億元，占 GDP 比重達到 8.2％，居於全國各省區市首位。上海 1247 億元，占 GDP 比重為 6.2％。廣東 2706.5 億元，占 GDP 比重為 4.74％，並且新型文化業態發展迅猛，如數字出版產值近 300 億元，約占全國的 1／5；動漫和網絡遊戲總產值近 300 億元，約占全國的 1／3。

文化產業發展的困境與潛力

　　剛剛起步的中國文化產業與世界同行相比，差距還很大。美國的文化產業占 GDP 的比重是百分之二十七，世界第二大文化產業強國日本是百分之二十，英國為百分之十一，中國的文化產業總量不大，對國民經濟的貢獻還比較低。中國文化產業還存在如下不足和問題：規模和總量偏小，產業集中度和集約化程度不高，市場化水平低，初級文化產品多，在內容創意、產品創新、科技驅動和品牌塑造方面的競爭力和影響力不足，掌握關鍵技術和自主品牌的企業數量不多。如何使文化產業保持持久強勁的發展動力？中共十八大報告提出「促進文化和科技融合，發展新型文化業態，提高文化產業規模化、集約化、專業化水平」「完善經營性文化單位法人治理結構，繁榮文化市場」等新要求，為文化產業的未來發展指明了方向。

　　科學規劃和建設文化支柱產業體系。中國有許多具有廣闊前景的文化行業，如提升科研成果水平和轉化率的智力產業、高新技術產業、創意產業、信息傳媒產業、藝術產業、城市景觀產業、海洋文化產業、休閒產業等。中國須進一步建立健全現代文化市場體系，實現知識產權、人才、資本的充分市場化，完善文化經濟政策，更加注重發展的制度化保障，以更加開放的政策措施激發市場主體的活力，鼓勵金融資本、社會資本、文化資源相結合，培育大型文化集團品牌，鍛造產業鏈，力推文化產業質的飛躍。通過市場的力量，推動文化企業跨地區、跨行業、跨所有制兼併重組，提高文化產業規模化、集約化、專業化水平，比如實現廣播、影視、

▲ 二〇〇七年三月十八日，央視動畫有限公司在北京釣魚台國賓館宣布成立。

互聯網一體，有線、無線聯合，打造國家級現代廣電影視傳媒集群；整合全國資源，發展文化大物流產業，打造一個在世界上有重要影響力和輻射力的書刊文化配送基地，建造文化產業核心航母。

　　中國文化消費已進入快速增長期，存在巨大的市場潛力，迫切需要支持和引導文化企業發現並契合消費者的文化消費需求，增強文化產品和服務的供給能力。2012 年，北京市人均 GDP 達 13797 美元，文化消費為人均 1658 元，僅占家庭收入的 4%，存在巨大的消費潛力。2012 年以來，信息傳媒產業是文化產業系統的導向性產業，移動化和融合化成為中國新媒體發展與變革的主旋律。在移動互聯網和網絡融合大勢的促推下，中國新媒體用戶持續增長，普及程度進一步提高，新媒體應用不斷推陳出新，

產業日趨活躍，新媒體的社會化水平日益提升。數據顯示，2012 年全國信息消費規模達到 1.72 萬億元，同比增長 29％，帶動相關行業新增產出 9300 億元。截至 2013 年底，中國網民規模達 6.18 億，其中手機網民規模達 5 億，互聯網普及率為 45.8％，這會帶來電子書、電影、動漫、音樂、電視劇和遊戲等屏幕文化產品的消費及其他相關信息消費。

第六章

教育優先發展

教育是現代文明的基石，教育興則文化興，教育強則文化強。新世紀以來，中國落實
教育優先發展戰略，推動教育保障條件不斷改善，教育普及水平持續提升，教育改革
不斷深入，教育公平邁出重大步伐，教育對經濟社會發展貢獻力度明顯加大。如今，
中國高等教育已經實現大眾化，實現了從人口大國向人力資源大國的跨越。

建設現代化教育體系

改革開放之初，鄧小平即提出「教育要面向現代化，面向世界，面向未來」，把發展教育列為中國社會主義現代化建設的戰略重點。一九八五年中共中央發布《關於教育體制改革的決定》，一九九五年提出實施科教興國戰略，加快了教育發展。進入新世紀，中國政府提出了「人才資源是第一資源」「強國必先強教」等主張，優先發展教育成為共識。二○一○年，為促進教育事業科學發展，全面提高國民素質，實現人才強國戰略，中國制定《國家中長期教育改革和發展規劃綱要（2010-2020 年）》，作出了切實保證經濟社會發展規劃優先安排教育發展、財政資金優先保障教育

▲ 中國科學技術館是國家綜合性科技館。

投入、公共資源優先滿足教育和人力資源開發需要的工作部署。

國家財政資金優先保障教育投入取得重大進展。2010 年，國家財政性教育經費投入接近 1.5 萬億元，占國內生產總值的比例從 2002 年的 2.9％提高到 3.65％，這一投入比 2002 年增加了 3.2 倍，年均增幅約 20％。2012 年這一經費投入為 22236.23 億元，占 GDP 比例為 4.28％。2013 年增長 3％，對農村貧困地區予以重點傾斜。

教育體制改革深化。國家加強對教育改革創新的頂層設計，組織實施重大項目和改革試點，加強人才培養體制、考試招生制度、現代學校制度、辦學體制、管理體制等方面改革。在教育管理體制方面，主要明確各級政府之間對各級各類教育管理的職責與權限。義務教育實行國務院領導、省級人民政府負責統籌規劃實施、以縣級人民政府管理為主；職業教

▲ 二〇一〇年十二月二十三日，山東鄒平縣實驗中學的學生在創新實踐基地學習組裝電腦。

育實行在國務院領導下，分級管理、地方為主、政府統籌、社會參與；高等教育實行中央和省級人民政府兩級管理、以省級人民政府管理為主。

中國已逐步理順政府與學校的關係，建立學校面向社會依法自主辦學、自我發展、自我約束的機制；國家鼓勵和引導社會力量興辦教育，基本形成以政府辦學為主體、公辦學校和民辦學校共同發展的格局。民辦學校快速發展，與公辦學校錯位競爭，在擴大教育資源、優化教育結構、促進教育改革方面作出了貢獻。2012 年全國共有各級各類民辦學校（教育機構）13.99 萬所，在校生達 3911.01 萬人。其中，民辦學前教育學校 11.54 萬所，占全國同類學校的 69.2%，高等學校 698 所，占 29%；中等職業教育 2856 所，占 21.7%。

在投入方面，中國建立健全公共教育財政制度，加強政府對公共教育的保障責任，形成了義務教育由政府負全責、非義務教育階段以政府投入為主、多渠道籌措教育經費的體制機制。

經過不斷調整和完善，中國確立了中國特色社會主義教育體制基本框架，現代化教育體系基本確立。

實現城鄉免費義務教育

　　近十多年來，中國堅持教育優先發展戰略地位，不僅提升了教育普及水平，而且免除了城鄉義務教育階段上億學生的學雜費，使中華民族千百年來「學有所教」「有教無類」的教育理想成為現實。

　　二十世紀末，中央政府改變長期以來主要由地方政府和群眾辦義務教育的籌資機制，逐步將經費全面納入公共財政保障範圍。二〇〇一年開始試點對農村義務教育階段貧困家庭學生免雜費、免書本費、逐步補助寄宿

▲ 從二〇〇六年新學期起，湖北省恩施土家族苗族自治州實施義務教育保障新機制，該州八個縣市四十八萬農村義務教育階段學生免交學雜費。

生生活費，二〇〇七年這一做法推廣到農村義務教育階段所有家庭經濟困難學生。西藏先行一步，一九八五年即開始對義務教育階段農牧民子女實行「包吃、包住、包基本學習費用」的教育「三包」政策。二〇〇六年六月，「義務教育全面納入財政保障範圍」被寫入修訂的《義務教育法》。二〇〇八年九月，城市的二千八百萬義務教育階段學生學雜費也全部免除，全國城鄉全面實施免費義務教育，一億多名從小學到初中的適齡學生不用再交學費了。到二〇一〇年，全國所有的縣均實現了普及九年義務教育，人口覆蓋率達到百分之百，惠及一點六億學生。這是中國教育發展史上的重要里程碑。

二〇一二年，九年義務教育鞏固率達百分之九十一點八。中國實現九年義務教育普及的時間比許多發達國家短；十五歲以上人口平均受教育年限達到九點五年以上，超過世界平均水平；高中階段教育毛入學率達到百分之八十五，與發達國家平均水平持平；新增勞動力平均受教育年限接近十二點四年，超過世界平均水平。農村中等職業教育也於二〇一二年開始實行免費。

推進教育公平

　　新世紀以來，國家在促進教育機會公平、公共教育資源配置公平、教育制度規則公平等方面不斷努力。

　　近年來，政府教育投入快速增長，在安排使用教育經費時實行向農村、偏遠、貧困和民族地區傾斜，向農村義務教育、職業教育和學前教育傾斜，向資助家庭經濟困難學生傾斜，向建設高素質教師隊伍傾斜。農村教育經費增速超過全國增速，增速最快的省分全部為中西部省份。2012年全國教育經費執行情況統計公告顯示，全國普通小學生均公共財政預算教育事業費增長 23.42％，其中農村增長 26.30％，增長最快的貴州省為

▲ 近年來，河北省武安市教育侷促進教育公平，合理配置教育資源，投資了一千萬元，全面改善教學點辦學條件。

47.35％。這一年，中央財政共安排農村義務教育經費保障資金 2465 億元。

改善農村教育的關鍵在教師。教育部以農村教師為重點，深入實施「師範生免費教育政策」「中小學教師國家級培訓計劃」等。2011 年，全國農村小學大專及以上學歷、初中本科及以上學歷教師比例分別達到78.6％、62.8％，為歷史最好水平。2012 年，國務院頒布《加強農村教師隊伍建設的意見》，規定了城鄉教師統一編制標準。

國家相繼實施了全國中小學校舍安全工程、農村義務教育薄弱學校改造計劃等項目，2010 年至 2012 年，中央財政投入累計 297 億元支持學校新建或改造學生宿舍、食堂等生活設施。2013 年加大力度，中央財政下達的農村義務教育薄弱學校改造計劃資金和食堂建設專項資金各 100 億元。廣大農村地區、邊疆地區中小學面貌發生了根本性變化。

國家建立了家庭經濟困難學生資助體系，實現從學前教育到研究生教育各個階段全覆蓋，每年資助資金近 1000 億元，資助學生近 8000 萬人次。到 2012 年，約有 1300 多萬農村家庭經濟困難寄宿生享受生活補助。國家啟動實施農村義務教育學生營養改善計劃。截至 2013 年，共有 3245萬農村義務教育學生享受營養補助政策。

農民工隨遷子女在城市接受義務教育的問題初步解決。全國現有1393.87 萬進城務工人員隨遷子女在城市接受義務教育，占義務教育階段學生總數的 9.7％，其中 80.2％在公辦學校就讀。目前隨遷子女就讀地高考比原計劃進展快速，2013 年，30 個省（區、市）向社會公布了進城務工人員隨遷子女在當地參加高考的實施方案，12 個省市開始解決隨遷子女在當地參加高考問題。

▲ 中國啟動農村學生營養改善計劃，每人每天補助三元。圖為湖北省遠安縣中心小學的學生在吃午餐。

　　特殊教育方面，2013 年，全國共有特殊教育學校 1853 所，專任教師 4.37 萬人；全國共招收特殊教育學生 6.57 萬人，在校生達 37.88 萬人；普通小學、初中隨班就讀和附設特教班招收學生 3.50 萬人，在校生共 19.98 萬人。

　　中國把構建利用信息化手段擴大優質教育資源覆蓋面的有效機制，作為逐步縮小區域、城鄉、校際差距的手段。「在線課堂」是近年來興起的一種新型課堂教學方式，主要依託寬帶網絡和視頻會議技術，由城區學校或中心校優秀教師主講，將音樂、美術等課程實時傳輸到農村教學點，並與教學點教師一起，在線輔導學生共同學習。通過「在線課堂」等方式，農村孩子能分享到城鎮的優質教育資源。

▲ 二〇一三年七月十六日，安徽省合肥市隆崗小學正在為進城務工人員隨遷子女辦理入學報名登記工作。

　　中國的教育公平已有明顯進展，但各級各類教育發展仍不平衡，城鄉間、區域間投入水平差距大，保障困難群體、特殊群體受教育權利有待於進一步改善。

職業教育快速發展

改革開放以來，為適應經濟社會發展對技能人才的需要和提高青年就業能力，中國確立了發展職業教育的方針。隨著經濟社會發展對技術技能型人才、知識技能型人才和複合技能型人才的廣泛需求，中國政府更明確地把職業教育放在與農村基礎教育和高水平大學建設同樣的戰略地位上，給予扶持。二〇〇五年十月，國務院下發《關於大力發展職業教育的決定》，提出「十一五」（2006—2010）時期職業教育改革發展的主要目標。「十一五」期間，國家投入一百億元，重點支持二千三百多個職業教育實訓基地、二千六百八十多個縣級職教中心和示範性中等職業學校、一百所國家示範性高職院校建設，組織培訓十五萬專業骨幹教師。中國確立了覆

▲ 二〇一一年十一月二十二日，湖南省婁底職業教育集團成立大會在婁底職業技術學院舉行。

蓋廣泛的職業教育學生資助體系，百分之九十的中職生和百分之二十的高職生享受到國家資助政策。

　　為適應社會對技能型人才的要求，職業教育探索行業企業辦學、集團化辦學、行業與學校對話協作等靈活多樣的職業教育辦學模式；開設五十多種民族文化和民間工藝特色專業，培養了一大批非物質文化遺產的繼承人和傳播基地，在發展各民族傳統文化和民間技藝方面發揮重要作用。

　　近十年來，中國職業教育長足發展，建立了世界上最大規模的職業教育體系，二〇一一年開始，全國中等職業教育和高等職業教育在校生超過三千萬人，分別占據了高中階段教育和高等教育的半壁江山（中職占高中階段教育招生數的百分之四十八點八九，高職占普通高等教育的百分之四

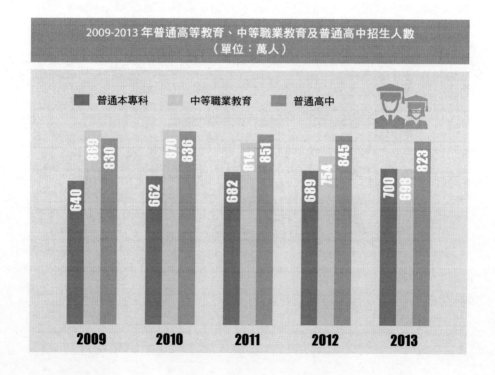

2009-2013 年普通高等教育、中等職業教育及普通高中招生人數
（單位：萬人）

十七點六七）。從二〇〇二年至二〇一三年，中國職業院校培養了八千多萬名技術技能型人才，他們成為實體經濟產業大軍中的主體力量，其中對農村勞動力轉移培訓達一點八五億人次，職業教育對中國主要勞動人口平均受教育年限增長的貢獻率達到百分之二十一。職業教育在推進經濟發展、社會進步，實現社會公平，傳承民族文化等方面作出了重要貢獻。

但是，目前中國職業教育的發展更多體現在外延式擴張型的發展，教育與行業企業結合還不夠緊密，教學與社會實踐脫節現象仍很嚴重，人才培養質量不高。現代職業教育必須適應現代產業發展，構建靈活的教育體系以適應新技能開發和就業能力提升，為勞動力資源的技能開發和再開發提供有效的服務，促進技能供給和需求之間的匹配，深化產教融合、校企合作，培養高素質勞動者和技能型人才。

▍高等教育大眾化

高等教育水平是衡量國家實力的重要標尺。中國 1978 年高考錄取的比例是 5%。1999 年 6 月，國家根據經濟社會發展需要和人民群眾廣泛需求，在《面向 21 世紀教育振興行動計劃》中提出了高等教育大眾化目標，開始大幅擴大高校招生規模。2002 年，高等教育毛入學率從 1999 年的 9% 提高到 15%，初步實現大眾化。

「十一五」（2006-2010）期間高等教育規模繼續擴大，同時強調發展質量。2003 年，北京大學、清華大學等 22 所高校被賦予 5% 的自主招生

▲ 二〇一一年四月二十三日，清華大學慶祝建校一百週年校慶晚會舉行。

權。中央財政繼續支持實施「211 工程」「985 工程」，2006 年啟動「國際示範性高等職業院校建設計劃」。2007 年開始實施「高等學校本科教學質量與教學改革工程」，有效推動本科教育教學改革和人才培養質量提升。

近幾年，中國高等教育開始步入保障和提高質量的內涵式發展階段。教育部頒發的《關於全面提高高等教育質量的若干意見》提出了高等教育內涵式發展的總體要求，內容是「穩定規模、優化結構、強化特色、注重創新」。教育部、財政部聯合啟動「2011」計劃，以「國家急需、世界一流」為根本出發點，以人才、學科、科研三位一體的創新能力提升為核心任務，推動高校體制機制改革。全國高校引進「千人計劃」創新人才 1171 人，占全國總數的 64％。美籍華人姚期智是世界計算機領域最高獎圖靈獎的獲得者，2004 年，這位國際頂級科學家放棄普林斯頓大學終身教授職務，來到清華創建「姚班」，目標就是要培養國際一流的計算機人才。

教育部、財政部還頒布《高等學校哲學社會科學繁榮計劃（2011-2020年）》，目標是通過實施「繁榮計劃」，大力提升人才培養、科學研究、社會服務、文化傳承創新的能力和水平，全面提高高等教育質量，推進高等學校哲學社會科學創新體系建設。

2012 年全國共有普通高等學校和成人高等學校 2790 所（2000 年為 1018 所）；培養研究生單位 811 個，其中高等學校 534 個，科研機構 277 個。高等教育毛入學率達 30％，在學總規模達到 3325.21 萬人，位居世界第一。普通高校招生報名人數達到 922 萬，錄取人數達到 691 萬，全國平均錄取率達到 75％；研究生教育招生人數達到 59 萬人，其中，博士生招

生 6.84 萬人,碩士生招生 52.13 萬人。在學研究生 171.98 萬人,其中博士生 28.38 萬人,碩士生 143.60 萬人。

　　為適應經濟社會發展需要,中國對學科專業結構進行了優化調整,加大了軟件、集成電路、水利、地質、核工業、信息安全、動漫產業等重點領域的人才培養力度,這些人才在載人航天、高性能計算機、三峽工程、青藏鐵路、嫦娥工程等一大批舉世矚目的國家重大工程建設中發揮了巨大作用。

▲ 二〇一四年六月二十三日,全國職業教育工作會議在北京人民大會堂舉行。

根據 2010 年第六次全國人口普查的數據，中國具有高等教育文化程度的人口為 1.19 億人，每 10 萬人中具有高等教育文化程度的由 2000 年的 3611 人上升到 2010 年的 8930 人，從業人員中有高等教育學歷的人數已位居世界前列。根據最新數據，中國實施研究生教育 35 年以來，已培養 420 萬名碩士、50 多萬名博士人才，近 500 萬名高學歷人才成為各行各業的骨幹力量，支撐了社會各項事業的發展。教育服務經濟社會發展能力顯著增強。2010 年的國家自然科學獎、技術發明獎和科技進步獎三大

▲ 二〇一二年六月十一日，中國社會科學院舉辦「2012 年就業藍皮書發佈暨高校培養質量」研討會，並發佈《2012 年中國大學生就業報告》。

獎項中，高校獲獎比例均超百分之七十。

　　高等學校繼續教育助力全民學習。目前全國二千多所高校中有一千六百多所舉辦非全日制學歷教育，從二〇〇一年到二〇一二年已經累計為社會培養了四千多萬人；二〇一二年繼續教育各種培訓註冊人員累計達到了五千多萬。繼續教育的範疇已延伸涵蓋了學歷教育、職業導向的非學歷培訓和面向社區的社會生活文化教育三個方面。如何把繼續教育納入高校質量評價管理體系，完善辦學體系，並對優秀資源進行整合開發，加強與企業的多方面互動，通過數字技術進一步開放課程資源，為推動全民的終身學習發揮更大的作用，是今後努力的方向。

　　中國高校發展存在的問題是，政府與學校之間的關係沒有理順，需要推進現代學校制度建設，改革評價體制，由行政主導的評價向專業主導的評價轉型，明確學校長遠的辦學理念和健全價值取向，克服目前大學的浮躁和急功近利，培養出有遠大理想又立足未來社會發展的專業知識技術人才。根據英國《泰晤士高等教育》二〇一二到二〇一三年的全球大學排名，中國只有四所大學進入全球排名前一百名，歐洲則有二十九所。中國大學的教育質量及創新性仍有待提高。

實現少數民族教育跨越式發展

中國的許多少數民族是從奴隸社會一步跨入現代社會，有的甚至是從結繩記事的原始社會形態直接跨入社會主義社會的。新中國成立時，少數民族地區的教育非常落後。國家在經費、師資等方面對少數民族教育予以特殊照顧，各類高等學校對少數民族考生則實行優先錄取政策。凡有通用文字的民族，均採用本民族語言教學。民族教育在國家大力扶持下很快從無到有，並確立了現代教育體系。

改革開放以來，國家每隔幾年就出台一個指導性意見，具體落實少數民族地區教育政策。二〇〇二年七月，國務院頒布的《關於深化改革加快發展民族教育的決定》，明確提出了「民族教育跨越式發展」的目標，中央財政扶持教育的重點指向邊遠農牧區、高寒山區、邊境地區以及發展落後的人口較少民族聚居地區。「十五」（2001-2005）期間，中央財政投入五十億專款用於少數民族人口集中的西部十二個省、自治區的義務教育。二〇〇七年的《國家教育發展「十一五」規劃綱要》規定，公共教育資源向民族地區重點傾斜，民族地區率先實現九年免費義務教育。「十一五」（2006-2010）期間，中央財政投入五個自治區的教育經費 278.18 億元，中職助學金 30.3 億元，中職免學費資金 10.18 億元，普通高中國家助學金 3.5 億元，高校獎助學金經費 61.25 億元。

為加快少數民族地區教育發展，中國實施先進地區對口支援工作機制。一些高等學校、中等專業學校和成人高等學校也相繼舉辦了相當數量的少數民族預科班。政府加大少數民族教師培訓力度，擴大在職教師到內

▲ 二〇一一年十月十二日，在廣西壯族自治區上思縣民族中學，瑤族女生在上電腦課。

地培訓的規模；制定優惠政策，鼓勵支持高等學校畢業生到民族地區基層任教。二〇〇六年，中央財政設立專項資金，招募高校畢業生到西部農村學校任教，兩年內即招聘特崗教師三點三萬名，覆蓋了西部地區十三個省、三百九十五個縣四千零七十四所農村中小學、民族地區中小學。

在民族地區少數民族學生中，實施使用國家通用語言文字和少數民族語言文字接受教育的雙語教育。蒙古、藏、維吾爾、哈薩克、柯爾克孜、錫伯、朝鮮、苗、壯、布依、侗、哈尼、白、彝、納西、景頗、傈僳、拉祜、佤、傣、烏孜別克等二十一個民族使用自己的二十九種文字進行雙語教學。據初步統計，目前全國開展雙語教學的學校共有一萬多所，在校學生五百餘萬人。

▲ 二〇一二年九月十四日，赫哲族孩子們在課堂上學唱「伊瑪堪」，傳承和保護赫哲族傳統文化。

　　2010 年第六次全國人口普查數據顯示，少數民族人口規模為 11379 萬，占總人口的 8.49％。到 2012 年底，全國各級各類學校中少數民族在校學生總數為 2384.48 萬人，占學生總數的 9.27％。義務教育學校少數民族在校生數達到 1515.46 萬人，其中普通中學少數民族在校生占全國普通中學在校生總數的 9.39％，普通小學少數民族在校生占全國普通小學在校生總數的 10.7％，少數民族義務教育階段的在校生超過全國平均水平。朝鮮、滿、蒙古、哈薩克等 14 個少數民族的受教育年限高於全國平均水平。2011 年，全國各類高等教育少數民族學生數達到 237 萬人，占全國高校學生總數的 6.67％，比 2002 年增長了 338.08％。民族地區高等教育毛入學率穩步提高，進入大眾化階段。55 個少數民族都有自己的大學

生，維吾爾、回、朝鮮、納西等十幾個少數民族每萬人平均擁有的大學生人數超過全國平均水平。民族地區高校和民族院校為適應民族地區經濟社會發展，加強應用型學科、特色學科建設。少數民族群眾的整體文化素質有巨大的進步。

教育國際交流與合作水平提高

　　1978 年，為儘快培養一批世界一流水平的科技專家，鄧小平積極倡導增大派遣留學生的數量，「要成千成萬地派」。當年 12 月 26 日，首批 50 名留美生從北京出發，途經巴黎，飛往美國，開始破冰之旅。從此，中國出現了歷史上規模最大、持續時間最長的出國留學潮。

　　中國政府支持公民自費出國留學。2002 年，全國出國留學總人數為 12.5 萬，其中自費出國留學人數 11.7 萬。經過近 10 餘年的發展，2013

▲ 在北京舉辦的海外高校教育巡展

年出國留學人員達 41.39 萬人，其中自費出國留學人數達 38.43 萬，均為 2002 年的約 3.3 倍。

中國的高等教育國際化過程中，最大的問題是人才外流。1978—2013 年，中國共有各類留學人員 305.86 萬人，回國人數 144.48 萬。美國具有博士學歷的外國科學家與工程師中，22％來自中國大陸。隨著中國社會經濟的快速發展，越來越多的留學人員選擇回國就業和創業。據統計，2013 年有 35.35 萬留學人員學成後回國發展。

來華留學規模同樣在不斷擴大。截至 2008 年，中國已與 188 個國家和地區以及國際組織建立了教育合作與交流關係。2013 年，共有來自 200 個國家和地區的 356499 名各類來華留學人員，在中國 31 個省、自治區、直轄市的 746 所高等院校、科研院所和其他教學機構中學習，其人數是 2002 年來華留學人數（8.6 萬）的 4.1 倍。其中，中國政府獎學金生 25687 名，自費生 266924 名。與 2002 年相比，外國留學生的生源國（地區）增加了 47 個，中國接收外國留學生的院校增加了 351 所。來自歐美、非洲、東南亞和阿拉伯國家的學生明顯增多。2011 年，歐洲 47271 名，占比 16.15％；美洲 32333 名，占比 11.05％。數據顯示，美洲來華留學生的同比增長率為 18.75％，增長明顯。據不完全統計，2012 年阿拉伯國家在華就讀的留學生已經超過 1 萬人，比 2010 年增長了 70％。

和以前短期的體驗式學習不同，來華留學學歷生增加。2013 年為 147890 名，占來華留學生總數的 41.48％，同比增長 10.77％。中國政府獎學金生數增加 4554 人，同比增長 15.83％。2013 年 10 月當選埃塞俄比亞總統的穆拉圖・特肖梅，是 1976 年公派來華學習的留學生，他在北京大學先後獲得本科、碩士、博士學位。

▲ 二〇一二年十月二十日，在北京舉辦的中國國際教育展上的法國展台

不僅國外來中國留學的人數在增加，而且，在中國高校和科研機構全職從事學術研究的「洋面孔」也越來越多。二〇一二年，中國共聘請外國專家三萬五千七百二十七人次，規模為歷史最高。

　　北京大學自成立以來就是一座促進東西方文化交流互鑒的橋樑，現在它面向全球爭取優秀師資，招收優質生源。以二〇一二年為例，北大有一千多名外國專家授課，二千多人次的國際專家交流，二千四百多名國際學生在攻讀學位，六千多名國際學生作非學位訪問學習。

　　中國大學鼓勵學生獲得國際教育經歷，包括學生交換、海外實習、國際會議和文體交流等形式，時間在一年左右。一些名牌大學為提高畢業生的競爭力，拓寬海外交流渠道，竭力推進學生出國學習和實習。

▲ 二〇一二年十月十五日，中美合作辦學的國際化大學──上海紐約大學成立儀式在上海浦東舉行。

中外合作辦學規模也在逐步擴大。目前已有多所中外合作辦學的高等教育機構，如西安交通大學與利物浦大學合作建立的西交利物浦大學，華東師範大學與紐約大學合作的上海紐約大學，寧波大學與諾丁漢大學合作的寧波諾丁漢大學，上海中歐工商管理學院，等等。而中外合作辦學項目更是覆蓋了中國數百所大學、數十個專業，促進了高素質國際化人才的培養。

　　中國教育為社會主義現代化建設培養了數以億計的高素質勞動者、數以千萬計的各類專門人才和一大批頂尖創新人才，教育的發展極大地提高了全民族素質，推進了科技創新、文化繁榮，為經濟發展、社會進步和民生改善作出了重大貢獻。在中國，「有學上」的問題已經解決，但是，教育發展現狀仍然與公眾的期待有差距，如何配置優質的教育資源，實現教育平衡發展，提升教師隊伍的整體素質，改革教育的管理評價機制，改變當下功利的價值取向，讓學生「上好學」，仍然是中國教育需要解決的問題。

第七章

科學技術的發展與創新

在科教興國戰略思想指導下，中國科學技術取得巨大發展和進步，自然科學基礎研究領域、高新技術領域也取得了豐碩的成果，在太空探索、超級計算機和高速鐵路方面已處於世界領先地位。中國逐步進入國際創新網絡，並在科技前沿獲得、創造及分享知識。在社會發展中發揮指導作用的哲學社會科學得到前所未有的重視，中國正著力構建獨特形態的創新體系。

增強國家自主創新能力

　　新中國在建立科研體系時即重視科技自主發展，推動科技創新。改革開放後，鄧小平提出科學技術是第一生產力，給中國科學技術事業的發展帶來了深刻的影響。

　　二十世紀八〇年代初，中國已多次發射返回式遙感衛星。一九八三年，中國採用國產材料，自行設計研製成功第一台速度為每秒一億次的「銀河」巨型計算機和第一台速度為每秒五十四萬次的「757」計算機。一九八六年實施的「863」計劃，促進了北京正負電子對撞機等重大科學工程建成，秦山核電站並網發電，銀河系列巨型計算機等一系列具有世界

▲ 二〇一二年五月十八日，北京正負電子對撞機模型展示。

先進水平的成果誕生，中國在空間技術、高能物理、生物科學、醫藥衛生、地學、化學等重要科技領域取得了重大進展。

　　一九九五年，中共中央、國務院提出「科教興國」戰略，把科學技術提高到國家戰略層面進行部署。基礎研究是自主創新的源頭。一九九七年推出的以國家重大需求為導向的重點基礎研究發展計劃（即「973」計劃），重點支持了農業科學、能源科學、信息科學、資源環境科學、健康科學、材料科學、製造與工程科學、綜合交叉科學、重大科學前沿等面向國家重大戰略需求領域的基礎研究。

　　進入二十一世紀，新一輪科技革命迅猛發展，國際經濟科技競爭日趨激烈。中國於一九九九年即提出了建設國家創新體系的設想，二〇〇六年，國家發布中長期科技發展規劃，正式提出增強自主創新能力的決定，

▲ 二〇一三年十一月七日，華為在上海工博會上的展位

建立以企業為主體，產業科技、國家科技和學院科技結合，協同創新的體系；並從財稅、金融、政府採購、知識產權保護、人才隊伍建設等方面制定一系列政策措施，為建設創新型國家保駕護航。

中國於 2009 年 3 月出台了發揮科技支撐作用、促進經濟平穩發展的文件，啟動包括大規模集成電路和軟件、信息安全以及電子政務、電子金融、電動汽車等 12 個重大科技專項，提高重點產業的核心競爭力。2010年，國家重點部署培育和發展節能環保、新一代信息技術、生物、高端裝備製造、新能源等七大戰略性新興產業。2012 年初，中共中央一號文件首次以「加快推進農業科技創新」為主題，突出農業科技發展。

2012 年研發經費 10240 億元，比上年增長 17.9％，占國內生產總值的 1.97％。

為實現國家創新式發展，中國一是加大科研投資（而非基礎設施、機械裝置等投資），二是提高教育水平。中國研發投入伴隨著 GDP 快速增長不斷提高，2006 年為 3000 億元，2011 年增長到 8610 億元，占國內生產總值的比例從 1.42％提升到 1.83％，每年以 20％以上的速度增長。2013 年，中國研究與開發（R&D）經費支出 11906 億元，比上年增長15.6％，占國內生產總值的 2.09％（歐洲的科研經費占國民生產總值的2.2％），位居世界第二。

30 多年來教育的發展和政府對研究的支持造就了大量人才。2010年，中國科技人力資源總量達 5700 萬人，居世界首位，10 年來年均增長8.6％。2013 年研發人員總量達 320 萬人年；累計建設國家工程研究中心132 個，國家工程實驗室 143 個；國家地方聯合工程研究中心 149 個，國家地方聯合工程實驗室 180 個；國家認定企業技術中心達到 887 家，省級

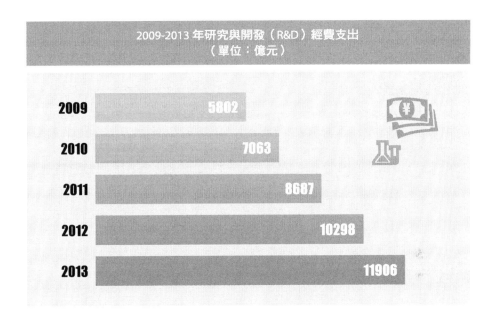

2009-2013 年研究與開發（R&D）經費支出（單位：億元）

年份	金額
2009	5802
2010	7063
2011	8687
2012	10298
2013	11906

企業技術中心達到 8137 家，江蘇、上海、天津三省市的企業研發支出超過了義大利和西班牙，聯想集團 2013 財年研發投入超過 5 億美元。2012 年統計，全國高技術產業總產值突破 10 萬億元人民幣；國家高新區達到 105 家，營業總收入達到 16.1 萬億元人民幣。

研發投入的增長產生了明顯的作用。中國發表的國際論文數量已升至世界第二，在中微子研究、量子通信、超導研究等方面，都取得了一批重大原創成果。中國申請的專利數在 2011 年超過美國。2013 年全年受理境內外專利申請繼續大幅增加，達到 237.7 萬件，比上年增加 41.8 萬件，其中境內專利 221 萬件，占 93%。受理境內外發明專利申請 82.5 萬件，其中境內申請 69.3 萬件，占 84.0%。全年授予專利權 131.3 萬件，其中境內授權 121.0 萬件，占 92.2%。授予發明專利權 20.8 萬件，其中境內授權

13.8 萬件,占 66.6％。全年簽訂技術合同 29.5 萬項,合同成交額超過 7469 億元人民幣,比上年增長 16％。2013 年,中國企業獲得發明專利 7.9 萬件,占國內總量的 54.9％,企業知識產權創造主體地位逐步鞏固。 華為和中興兩家企業已躋身於全球國際專利申請數量最多的 5 家企業行 列。整體而言,中國大中型企業科技創新研發支出僅占主營業務收入的 1％,與發達國家 5％的水平差距較大;科技成果轉化率也遠低於發達國 家,大量的科研成果沒有轉化為應用技術。

▎科學技術的新突破

全球頂尖的科研突破中，越來越地多出現中國人的身影。在納米技術標準化方面，中國已與世界同步，積極參與並部分主導了國際納米技術標準工作。在空間遙感、信息安全、海洋裝備和碳纖維材料等科研領域，中國也取得了一系列重大突破。

二○○○年十月，中國自行研製的第一顆「北斗導航試驗衛星」發射成功，二○一二年「北斗二號」完成區域組網並正式提供衛星導航服務，形成覆蓋亞太大部分地區的導航服務能力。

二○○七年十月二十四日，中國第一顆自主研製的月球探測衛星「嫦

▲ 江蘇省南京科技館中的北斗導航試驗衛星模型

娥一號」從大涼山深處的西昌衛星發射中心出發，只實施了一次中途修正，成功完成硬著陸，中國人的登月夢想朝前邁了一大步。二〇〇八年十一月十二日十五時五分，由「嫦娥一號」拍攝數據製作完成的「中國第一幅全月球影像圖」公布。這是世界上已公布的月球影像圖中最完整的一幅影像。二〇一〇年十月，「嫦娥二號」飛向月球的整個行程只花了一百一十二小時。二〇一三年十二月十四日，「嫦娥三號」發射飛船搭載「玉兔」號月球車，成功登陸月球，在虹灣區軟著陸，這是一九七六年以來首次成功重返月球陸地的人類探測器。「玉兔」號無人探測器在月球活動約九十天，除了調查月球表面地質之外，還使用雷達探測地下一百米的土壤。中國繼前蘇聯和美國之後，成為第三個實施月球軟著陸的國家，引起全球關注。

▲ 據全球超級計算機五百強排行榜榜單，中國國防科學技術大學研製的「天河二號」以每秒三十三點八六千萬億次的浮點運算速度，成為全球最快的超級計算機。

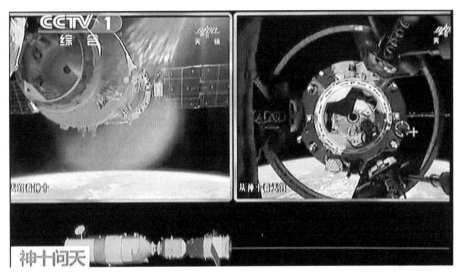

▲ 北京時間二〇一三年六月二十三日十時七分，在航天員聶海勝的精準操控和張曉光、王亞平的密切配合下，「天宮一號」目標飛行器與「神舟十號」飛船成功實現手控交會對接。

二〇一〇年十一月，國防科學技術大學研製的「天河一號」超級計算機以每秒二千五百七十萬億次的實測運算速度躍居世界第一。在二〇一三年六月公布的全球超級計算機五百強最新榜單中，中國的「天河二號」以每秒三十三點八六千萬億次的浮點運算速度再次奪得冠軍。

二〇一一年十一月八日，中國火星探測計劃中的第一顆火星探測器「螢火 1 號」與俄羅斯的採樣返回探測器一起發射升空，開始對火星的探測研究。二〇一二年六月二十七日，中國「蛟龍號」深海載人潛水器七千米級海試最大下潛深度達七千零六十二米，創造了載人深潛紀錄。

中國載人航天工程的發展代表了中國科技發展的水準。一九九二年，中國載人航天工程上馬；十一年後的二〇〇三年十月十五日，中國航天員楊利偉的身影即出現在浩瀚太空。此後不到五年，二〇〇八年九月二十七

▲ 二〇一三年六月二十日，中國航天員王亞平在進行「太空授課」。

日，中國的「神舟七號」飛船軌道艙艙門徐徐開啟，中國航天員翟志剛出艙「太空漫步」，中國正式成為第三個掌握出艙技術的國家。二〇一二年六月，「神舟九號」載人飛船與「天宮一號」目標飛行器順利實現首次空間交會對接；二〇一三年六月，中國航天員聶海勝、張曉光、王亞平駕乘「神舟十號」載人飛船再次成功實現與「天宮一號」目標飛行器自動和手動控制交會對接，鞏固了空間交會對接技術。女航天員王亞平還在太空中向幾千萬中國中學生授課。

從一九七〇年四月二十四日中國第一顆人造衛星「東方紅」號發射成功到「神舟十號」，四十三年間，中國航天事業從無到有、從小到大、從弱到強，逐步縮小與國際最高水平的差距，從昔日的追趕者實現了向引領者的偉大轉變。

中國載人航天工程辦公室宣布，中國載人航天工程將全面進入載人空間站工程建設的新階段：將在二〇一五年前後發射「天宮二號」實驗室，二〇一八年發射空間站試驗核心艙，二〇二〇年前後建成中國人自己的載人空間站。中國載人航天總工程師周建平二〇一三年九月在接受新華社記者採訪時表示，在未來空間站階段，中國願意為全世界致力於和平利用外空的國家和地區提供開展空間科學實驗與技術試驗的機會，國外航天員將有望登上中國的空間站。

科技發展為中國經濟社會提供有力支撐

　　中國科技秉承的價值理念是「創新科技、服務國家、造福人民」。科技產業在集成電路高端製造裝備產業具有國際競爭力，建立了具有自主知識產權的移動通訊產業鏈條；生物醫藥、節能環保、新能源、新材料、信息網絡等一批戰略性新興產業的發展，成為經濟發展新的增長點。企業成為技術創新主體。二〇一三年中國高技術產業主營業收入突破十一萬億元。從製造業內部結構看，二〇一二年高技術製造業增加值比上年增長百分之十二點二，高於規模以上工業增速二點二個百分點，工業生產的科技含量在逐步提高。

　　柳傳志和「聯想」是中國科技企業的代表。三十年前，柳傳志帶著十

▲ 在北京的聯想集團（中國）有限公司大廈

一個人和二十萬元資金，從中關村的一間小平房起步，不斷創新發展，目前，聯想擁有 11000 餘項全球專利，其中國內業務產生了 7000 多項，海外業務產生了 4000 多項。2005 年聯想完成對 IBM 全球個人電腦業務的收購；2013 年第二季度，聯想全球市場份額達 16.7％，超越惠普，成為全球個人電腦（PC）行業第一。這個季度聯想共銷售 2900 萬部設備，相當於每秒鐘就有 4 部設備售出，營業額超過 340 億美元、業務遍布 160 多個國家，登上了行業的最高峰。

科技對農業增長的貢獻率很大。中國是一個發展中的人口大國，耕地緊缺、水資源緊張和災害多發重發，為解決糧食安全，中國在水稻分子設計育種、生物多樣性優化種植理論等方面取得重大突破的基礎上，構建了水稻、小麥、玉米等主要糧食作物現代農業產業技術體系。近 10 年來，中國玉米雜交種經歷了兩次更新換代；袁隆平開發的百畝超級雜交稻試驗田畝產創造了 988 公斤的世界新紀錄；全國農作物良種覆蓋率超過 95％。中國從 2004 年以來已經實現糧食連續 10 年增產，年均增產超過 1700 萬噸，科技對於增產的貢獻率超過 65％。2013 年中國糧食總產量達 60194 萬噸。中國糧食自給率在 95％以上，不僅保證了自己的糧食安全，也維護了國際糧食市場穩定。袁隆平的雜交水稻技術已推廣到 20 多個國家，為解決世界饑荒帶來了福音。

交通方面，2006 年，中國解決了凍土、高寒缺氧、生態脆弱等三大世界性工程難題，建成了世界上海拔最高、線路最長的青藏高原鐵路。2010 年 9 月 28 日，滬杭高鐵試運行當天中午，滬杭高鐵（上海—杭州）運行最高時速達到 416.6 公里，刷新世界鐵路運營試驗的最高時速。

中國國家禽流感參考實驗室主任陳化蘭入選了《自然》2013 年度十

▲ 二〇〇八年二月二十八日，慶祝中英兩國正式締結科技合作30週年特別儀式在上海科技館舉行。英國駐上海總領事館科技處及英國文化協會與上海市科學技術委員會簽署了合作備忘录。

大科學人物，獲選理由是「幫助平息 H7N9 禽流感疫情」，《自然》把她稱為「戰鬥在前線的『流感偵探』」。

中國在科技發展進程中曾經受益於科技先進的蘇聯與西方國家。1978年，中國科學院與英國皇家學會簽署了科學合作協議，雙方建立起長期穩定的交流合作關係，為中科院培養了大批科技人才。由英國女王伊麗莎白二世宣佈成立的「英國皇家獎學金計劃」，每年資助三十位中國優秀青年科學家赴英作博士後研究。如今，作為世界上最大的發展中國家，中國除繼續深入推動與世界科研院所在科技合作、人才培養、科研交流、聯合建立科研機構等方面的合作，始終重視與廣大發展中國家的合作。二〇一三年，中科院啟動實施了「發展中國家科教合作拓展工程」，目標是到二〇二〇年，為發展中國家培養二千名以上高層次科技人才，擇優支持十個左

右 TWAS 院士，在發展中國家建設十個左右海外科教基地。第一個計劃是每年為發展中國家培養一百四十名以上博士研究生。

中國科技發展成效顯著，但是，由於發展歷史不長，體制沒有理順，總體科技實力還不夠強，一些核心科技依然依賴外國。根據二〇〇九年世界銀行的研究，中國在知識產權方面存在一百億美元左右的逆差。中國需要進一步改革科技體制，推動科技與經濟社會發展緊密結合，為新科技革命和產業變革作好前瞻布局，培育更多的創新型人才。

繁榮發展哲學社會科學

　　中國有悠久的學術傳統。新中國成立之初，哲學社會科學研究是中國科學院的一個部。一九七七年才有中國社會科學院的成立。在相當長的時期裡，自然科學一支獨秀。新世紀以來，哲學社會科學的基礎性作用受到人們的重視。

　　二〇〇二年十一月，中共十六大提出要堅持社會科學和自然科學並重，充分發揮哲學社會科學在經濟和社會發展中的重要作用。二〇〇三年召開的十六屆三中全會，正式提出「建設哲學社會科學理論創新體系，促進社會科學和自然科學協調發展」。不久，中央出台《關於進一步繁榮發

▲ 中國社會科學院是中國哲學社會科學權威研究機構

展哲學社會科學的意見》，作出了「哲學社會科學的研究能力和成果是綜合國力的重要組成部分」的判斷。二〇〇六年六月，中國首次頒布了《國家哲學社會科學研究「十一五」規劃》；二〇〇七年十月，中共十七大明確要求「繁榮發展哲學社會科學，推進學科體系、學術觀點、科研方法創新」；國家「十二五」（2011-2015）規劃綱要提出：「大力推進哲學社會科學創新體系建設，實施哲學社會科學創新工程，繁榮發展哲學社會科學。」中共十七屆六中全會把繁榮發展哲學社會科學作為建設社會主義文化強國的一項重要內容，明確哲學社會科學要更好地發揮認識世界、傳承文明、創新理論、咨政育人、服務社會的重要功能。這一系列重大舉措和部署表明，隨著中國特色社會主義實踐的深入發展，哲學社會科學事業的繁榮發展成為國家戰略。

中國哲學社會科學進展主要體現在以下幾個方面：

圍繞學科體系和教材體系建設這一關鍵環節，形成了較為完整的哲學社會科學教材體系和門類齊全、布局合理的學科體系。中國哲學社會科學已有二十多個一級學科、四百多個二級學科，形成了以基礎理論研究為依託、以宏觀性戰略對策問題研究為重點、以綜合研究為特長的哲學社會科學研究體系。圍繞學科建設培養、造就人才，形成了一支學術研究隊伍。目前，具有中級以上職稱的哲學社會科學教學科研人員近四十萬人，其中有高級職稱的人員十多萬人，專職研究人員三萬多人，為哲學社會科學的繁榮發展提供了雄厚的人才支撐。

加大科研資助力度。一九九一年設立的社會科學基金，面向全國，資助研究人員從事社科項目研究。基金總量從成立之初的每年五百萬，增加到二〇一二年的十二億元，資助各類項目四千五百八十項，資助範圍覆蓋

▲ 二〇一一年三月二十一日，在由國務院發展研究中心主辦「中國高層發展論壇」上，中國社會科學院學部委員、中國社會科學院世界經濟與政治研究所研究員余永定在演講。

哲學社會科學領域所有學科。

　　大力開展對外學術交流與合作。中國學術界已同眾多國際組織、研究機構、學術團體、大學、基金會和政府部門建立了長期穩定的交流合作關係。一些學者在知名國際學術機構和講壇上發表見解，參與議程設計，並在國際金融秩序治理、國際氣候談判等問題上發揮了重要作用，為維護國家安全和核心利益提供具有重要價值的研究成果和建議。《中國社會科學》（英文版）、《中國與世界經濟》、《中國考古學》、《中國經濟學人》等外文期刊，成為中國與世界社科界交流的重要渠道。

　　國家通過實施哲學社會科學創新工程，構建哲學社會科學創新體系的主要載體和平台，以推進學科體系、學術觀點、科研方法、科研組織方式

創新，並加強哲學社會科學各學科之間的交流合作，加強哲學社會科學與自然科學之間的交流合作，努力取得重大的綜合性創新成果，構築中國特色的理論研究和學術創新之路。中國社會科學院自二〇一一年啟動哲學社會科學創新工程以來，兩年多共推出學術專著七百多部，論文九千多篇，研究報告三千多份，學術資料、古籍整理、教材等近千種，其中不乏在國內外產生重大影響的精品力作。如二〇一三年，中國哲學社會科學領域開拓性的成果就有：《中華人民共和國史稿》（五卷本）、《中華民國史》（三十六卷本）、《中華人民共和國國家歷史地圖集》（第一卷）、《東方哲學史》（五卷本）、《商代史》（十一卷本）等，大部分為填補學術空白的成果。《新疆溫泉阿敦喬魯早期青銅時代遺址與墓地考古發掘收穫與意義》雖不

▲ 阿敦喬魯岩畫群位於新疆博爾塔拉蒙古自治州，據專家考證該岩畫群是春秋戰國時代的石刻岩畫，岩畫群東西長二千六百米，南北長三千六百米。

是鴻篇巨製，但對於亞歐草原的青銅文化研究具有重要意義。

在對重大現實問題提供決策對策建議方面，就如何應對劉易斯拐點的到來和人口紅利的消失，以成功跨越中等收入陷阱，《超越人口紅利》作出了學者的判斷和回答；《國際金融體系：改革與重建》以國際金融危機為主線，系統分析了國際金融體系的演變、問題和趨勢，並闡釋了中國的政策選擇；《國家資產負債表編制與風險評估》對國家債務問題作出嚴謹客觀的分析，並提出政策建議，該成果發布後曾多次被國際貨幣基金組織和國內外知名投資銀行引用。

中國哲學社會科學話語體系整體影響力還不大，與經濟社會發展水平，與中國享有的國際地位不相稱。隨著改革開放的不斷深入和對外學術交流的不斷擴大，中國和平崛起成為世界熱門話題，全球視野、時代精神、民族立場正在形成中國學術文化的品格。中國學者正致力於構建用中國的理論和話語闡釋中國觀點、分析中國和國際問題、預測中國和世界未來的哲學社會科學話語體系。

第八章

宗教文化健康有序發展

中國是多民族多宗教的國家，兼收並蓄是中國文化的特徵。在中華民族多元一體的格局中，佛教、道教、伊斯蘭教、天主教和基督教五大宗教包容共處，成為中國文化多樣化的重要內容。中國的宗教信徒有愛國愛教的傳統，中國政府主張宗教信仰自由，支持和鼓勵宗教界團結信教群眾積極參加國家建設，宗教與社會之間、宗教與宗教之間，以及宗教內不同教派之間相互尊重、相互滋養、和諧共生。在當代中國，宗教健康有序發展。

▌尊重宗教信仰自由

　　新中國成立之初頒布的《共同綱領》規定了各民族宗教信仰的自由。一九五二年，毛澤東接見西藏致敬團時強調指出：「共產黨對宗教採取保護政策，信教的和不信教的，信這種教或信別種教的，一律加以保護，尊重其宗教信仰，今天對宗教採取保護政策，將來也仍然採取保護政策。」

▲ 「中國佛教四大名山」之首的山西省五台山的寺廟建築群一角

中國的宗教政策與中國宗教傳統有關。中國自古以人道為本，用儒家仁禮之學治國，佛教道教為之輔翼。馬克斯・韋伯把中國儒學稱為「清醒的宗教」。道教是中國本土宗教，已有一千七百多年歷史。佛教在二千年前由印度傳入中國，逐步與儒、道相結合。中國的儒、釋、道融通，與民間信仰一起構成了中國宗教的基本譜系。

外來宗教進入中國，均接受中華文化薰陶，或快或慢走上本土化道路。佛教和平地傳入中國，並成功地融入中華文化，與儒、道一起構成中華傳統文化的三大主幹。天主教在公元七世紀傳入中國，一八○七年，基督教（新教）傳入中國。西方宗教與中國傳統文化多有牴觸之處，在相當長時間裡，「水土不服」。清康熙時期，因羅馬教廷不允許中國教徒「尊孔祭祖」而爆發「禮儀之爭」，導致百年禁教。在十九世紀基督教大規模傳入中國時，「一切傳教士都從鴉片戰爭和隨著中國的失敗而簽訂的諸條約和法令中，獲得了利益和好處」（鮑特・懷特語），教育家蔣夢麟說：「如來佛是騎著白象來到中國的，耶穌基督卻是騎在砲彈上飛過來的。」所以，在傳教過程中，與政府及民眾衝突的大小教案不斷發生。二十世紀初後，基督教、天主教在華辦學，尤其是辦大學，局面有所改觀。許多華人基督徒則提出不受西方教會管轄，創辦中國耶穌教自立會。新中國成立後，中國基督教開展「自治、自養、自傳」的「三自」革新運動，開啟了基督教的發展之門，實現了教會合一、基督教中國化，基督教文化融入了中華文化。一九五七年八月，天主教成立了由主教、神父、教友共同組成的「中國天主教友愛國會」（後更名為中國天主教愛國會）。

中國宗教多種類、多層次，除了五大宗教，還有民族宗教、民間宗教、民俗性宗教。壯、瑤、白、彝、京、仫佬族中的一部分人信仰道教。

▲ 北京四大天主教堂之一的王府井天主教堂，本名為聖若瑟堂，歷史上也稱之為東堂或八面槽天主堂。始建於一六五五年。

藏、蒙古、土、裕固等民族信仰喇嘛教，傣族和布朗、德昂、阿昌、景頗、拉祜等民族的一部分人信仰小乘佛教。維吾爾、回、哈薩克、柯爾克孜、塔塔爾、烏孜別克、塔吉克、東鄉、撒拉、保安等十個少數民族的群眾信仰伊斯蘭教。俄羅斯和鄂溫克族中的一部分人信仰東正教，達斡爾、鄂倫春和鄂溫克的一部分人信仰薩滿教。有些少數民族中還殘存或保留著一些原始宗教。宗教的多樣性使中國獲得「宗教聯合國」的稱號。

　　新中國成立後，中國宗教界通過民主制度改革和獨立辦教道路的選擇，邁出了與當代社會、文化相適應的重要一步。《中華人民共和國憲法》第八十八條明確規定：「中華人民共和國公民有宗教信仰的自由。」明確宗教信仰自由是公民的基本權利，宗教信仰滿足人民群眾的精神需要，只要不妨礙政治，不妨礙經濟生產，就不應該干涉。中國人很多時候把宗教

▲ 參加二〇一三年全國「兩會」的宗教界代表

看作文化的組成部分。宗教文化來源於世俗文化，並為世俗文化提供營養，宗教文化論得到社會廣泛認同。

二十世紀五〇年代，中共中央制定宗教政策，其主要內容是：公民有信仰宗教和不信仰宗教的自由；宗教保有其各自基本信仰和教義，維持著與其自身特點相一致的宗教制度和禮儀；在國家憲法、法律和政策範圍內自主地開展正常宗教活動；各宗教一律平等；無神論與有神論之間相互尊重；宗教團體和宗教事務不受外國勢力的支配。該政策延續至今。

各宗教團體有自己的組織。全國性的宗教團體有中國佛教協會、中國道教協會、中國伊斯蘭教協會、中國天主教愛國會、中國天主教主教團、中國基督教三自愛國運動委員會、中國基督教協會等。各宗教團體按照各自的章程選舉、產生領導人和領導機構。

中國歷屆政治協商會議、人民代表大會都有宗教界人士參政議政。這調動了宗教界上層人士和廣大信教群眾的愛國熱情和建設社會主義的積極性。

宗教在促進社會和諧方面發揮積極作用

二十世紀七十年代末、八十年代初，中國全面貫徹落實宗教信仰自由政策，恢復「文化大革命」時期受到衝擊的教堂及其他活動場所。一九八〇年四月，鄧小平在《人民日報》發表《一件具有深遠意義的盛事》一文，通過紀念唐代高僧鑑真，充分肯定了宗教人士在國際文化交流中的積極作用。

二十世紀九〇年代，中國提出了「積極引導宗教與社會主義社會相適應」的理念，這不僅深化了對宗教在新的時代條件下的正面功能的認識，

◀ 位於四川省甘孜藏族自治州色達縣的
色達佛學院

也提高了對社會主義社會文化多樣性的認識。

　　基於對宗教產生和存在的深刻的自然根源、社會根源、認識論根源和心理根源的認識，中國認為宗教不僅僅是一種世界觀和精神力量，也是一種長期和普遍存在的社會力量、社會群體，宗教關係是社會政治生活領域涉及國家全局的五大社會關係（政黨關係、民族關係、宗教關係、階層關係、海內外同胞關係）之一，強調要發揮宗教在促進社會和諧方面的積極作用，鼓勵和支持宗教界發揚愛國愛教、團結進步、服務社會的優良傳統，支持他們為民族團結、經濟發展、社會進步、社會和諧、祖國統一多作貢獻，支持他們對宗教教義作出符合社會進步要求的闡釋。

　　宗教作為一種信仰文化有其自身的特殊性，但作為一種社會組織，又必須遵守法律法規，不能凌駕於社會秩序之上。中國積極推動宗教事務的管理走上法制化、規範化。一九八二年修訂的《中華人民共和國憲法》第三十六條明確規定，「中華人民共和國公民有宗教信仰自由。任何國家機關、社會團體和個人不得強迫公民信仰宗教或者不信仰宗教，不得歧視信仰宗教的公民和不信仰宗教的公民。國家保護正常的宗教活動。任何人不得利用宗教進行破壞社會秩序、損害公民身體健康、妨礙國家教育制度的活動。」二〇〇四年十一月，國務院頒布《宗教事務條例》，標誌著宗教事務法制建設進入了新階段，保障宗教活動規範有序地進行，同時對打著宗教旗號進行分裂活動和違法犯罪活動的行為依法進行打擊。二〇一二年修改的《宗教事務方面部分行政許可項目實施細則》，積極推進政府在宗教領域依法行政，規範行政權力。

　　改革開放三十多年來，中國各宗教團體自主地辦理教務，並根據需要開辦宗教院校，印刷發行宗教經典，出版宗教刊物，興辦社會公益服務事

▲ 二〇一一年一月二十八日，中國五大全國性宗教團體在全國人大會議中心發表《倡導宗教和諧共同宣言》。圖為中國各宗教團體負責人在會議後合影。

業。寺廟、教堂進入社區，各種公共基礎建設如道路、管線，涵蓋宗教場所；僧眾享受公民的平等待遇，享有如養老、醫療等基本社會保障，同時，也克盡公民的責任和義務。

　　政府幫助宗教團體和宗教院校改善辦公辦學條件。二〇〇六年，中國天主教神哲學院新院建成投入使用，占地約四點六七公頃，總建築面積達二萬零一百六十八平方米，設施齊全。有二十四位中外籍教授在這裡任教，該院是亞洲天主教界現代化程度較高、教學水平最高的學府之一。中國基督教教會約有五萬五千多座教堂和聚會點，其中百分之七十是新建的，最大的教堂可同時容納七千多人禮拜。

中國宗教信仰自由政策的落實為宗教的發展提供了寬鬆的社會環境，而社會的深刻變革和人們思想觀念的多樣化，使宗教獲得新的發展空間，信徒數量增長很快。據不完全統計，中國現有各種宗教信徒一億多人，占全國人口百分之十左右。宗教教職人員約三十六萬人，依法登記並開放的宗教活動場所達到十四萬處，基本滿足了信教群眾的需求；宗教團體已達五千五百個，各宗教的教務活動有序開展；恢復和建立的各類宗教院校已達九十七所，基本形成了較為完善的宗教院校教育體系。截至二〇一二年，中國《聖經》印刷數量達一億多冊，成為世界上印刷《聖經》最多的國家之一。中國宗教界與世界上七十多個國家和地區的宗教組織保持著交往和聯繫。截至二〇一二年四月，中國已經舉辦三屆世界佛教論壇。宗教界人士廣泛參與國家政治生活，其中擔任各級人大代表、政協委員的有一點七萬人。

在中國五大宗教中，佛教信眾最多、影響最大。中國現有佛教寺院一點三萬餘座，出家僧尼約二十萬人，其中藏語系佛教的喇嘛、尼姑約十二萬人，活佛一千七百餘人，寺院三千餘座，信仰藏傳佛教的群眾約七百五十萬；巴利語系佛教的比丘、長老近萬人，寺院一千六百餘座。台灣的宗教家和慈善家星雲法師在華人世界是一個受人尊敬的高僧。他有來自世界各地的出家弟子千餘人，在全球範圍內設立了二百六十多個道場，創辦了九所美術館，五十餘所中華學校，十六所佛教叢林學院，學院以人文、藝術、佛學為主要發展方向。

中國宗教是世俗化的人間宗教，佛教團體努力發掘和弘揚宗教教義、宗教道德中有利於社會發展、時代進步和健康文明的內容。在傳統佛教規儀中有「六和敬」，即教徒生活的六大準則。「六和敬」既可以視為教內

▲ 二〇一三年十一月五日，台灣星雲大師在廣州中山紀念堂發表題為「看見夢想的力量」的演講。

保持和諧境界的清規戒律，也可以視為佛教徒處世接物的人生態度，其核心價值觀念是「和」。二〇〇六年四月，在浙江南天佛國普陀山舉行的首屆「世界佛教論壇」，發表《普陀山宣言》，提出了當代佛教的「新六和」理念，即「人心和善、家庭和樂、人際和順、社會和睦、文明和諧、世界和平」。「新六和」理念表現的是當代佛教價值觀，其核心觀念仍是「和」。該論壇堅持的思想主旨是「世界和諧，人人有責；和諧世界，從心開始」，這充分體現了中國宗教的濟世愛民情懷。星雲大師於二〇一二年成立了「人間佛教研究院」，該機構於二〇一三年三月與南京大學中華文化研究院共同舉辦「人間佛教理論實踐學術研討會」。星雲法師應邀與會，他在講話時提到，人間佛教就是原本的佛教，是幸福的、平安的、歡

▲ 二〇一二年四月二十六日，第三屆世界佛教論壇在香港紅磡體育館舉行開幕典禮及主題發言。來自海內外的一千三百餘名僧人參與的「千僧過堂」儀式同日舉行。

喜的、平等的佛教。他反覆提到，佛教有淨化人心的功用，讓佛教為國家社會人民帶來和諧與安樂，要運用佛法幫助國家道德樹立，心靈淨化，風氣開善，秩序良好。

中國道教以尊道貴德為宗旨，以追求「和合」為目標，以教化天下為己任，提倡濟世度人。中國現有道教宮觀一千五百餘座，乾道、坤道二點五萬餘人。中國穆斯林總人口已增至二千二百萬人，現有清真寺三萬餘座，伊瑪目、阿訇四萬餘人。

中國天主教神長教友高舉愛國愛教旗幟，堅持獨立自主自辦教會和自選自聖主教原則，積極推進民主辦教。中國天主教徒由新中國成立初期的三百萬增長為約五百七十萬人。教職人員約四千人，教堂、會所四千六百餘座。中國天主教愛國會先後選派了三百四十位神父、修生、修女到歐美

和亞洲的多個國家攻讀神學，已有一百五十多人取得博士、碩士學位回國，分別在教區和各修院任職。中國教會還邀請了近百人次海外天主教的神學家到各大修院授課，應邀派出幾十個團組共一千多人次，先後訪問二十多個國家和地區天主教會，進行交流。中國天主教以「榮主益人，服務奉獻」為宗旨，投身並參與社會各項慈善和公益事業，發動農村教友修路、打井，開辦醫院、診所、養老院，資助希望小學。二〇〇〇年至二〇〇九年，全國廣大神長教友為災區捐款達一億元。

基督教傳入中國的歷史較短，在與中國文化逐步適應磨合中良性發展。據不完全統計，全國現有約二千三百萬信徒，是解放初期七十萬信徒人數的三十餘倍。

近年來，中國信教群眾結構發生較大變化。一是中青年信教的人數增多，比例持續上升；二是城市居民信教人數增多；三是信教群眾的職業分布更加廣泛；四是曾經式微的民間信仰，在一些地方重新活躍起來。在目前中國社會轉型時期，宗教信仰成為弱勢群體抵禦心理壓力的屏障，對當前社會的正常運轉起到了輔助作用。

中國宗教同時也存在一些局部問題，比如一些教職人員過分追求世俗利益、風氣不正，沒有謹慎把握出世與入世、信仰與自養之間的平衡。另外，境內外民族分裂勢力利用宗教從事分裂國家的活動，他們利用宗教在群眾中的廣泛影響，歪曲教義，煽動不滿情緒，矇騙和裹脅群眾，搞暴力恐怖活動，比較突出的是「藏獨」勢力和「東突」勢力；還有一些境外滲入和境內不法分子建立的打著宗教旗號的非法組織，嚴重危害了受矇騙群眾正常的生產生活秩序，官方明確認定的邪教組織有十四個。這些顯然已不是宗教本身的問題。

從主流和基本走向來看，中國宗教在促進社會和諧方面發揮了積極作用。在當今世界備受「宗教發熱」「文明衝突」困擾的時候，中國基本實現了信教群眾同不信教群眾、信仰不同宗教群眾的團結和睦。

▲ 新疆伊斯蘭教清真寺

西藏的宗教文化狀況

　　中國約有二十個少數民族全民信教，新疆現有十個少數民族普遍信仰伊斯蘭教。其中西藏宗教氛圍濃厚，幾乎全民信教，是名副其實的「宗教之邦」。在西方有關人權問題的報告中，西藏宗教狀況是一個話題。那麼西藏的實際情況如何呢？

　　早在一九五一年五月和平解放西藏前夕，中央政府就強調：「實行宗

▲ 每年藏曆四月一日至三十日是西藏傳統的「薩嘎達瓦節」。

教自由保護喇嘛寺廟，尊重西藏人民的宗教信仰和風俗習慣。發展西藏民族的語言文字和學校教育。」一九五三年，十四世達賴和十世班禪被選為全國佛教協會名譽會長，功德林活佛被選為副會長。一九五六年九月，中國佛教協會西藏分會成立。一九五四年九月，十四世達賴、十世班禪聯袂赴京參加中華人民共和國第一屆全國人民代表大會第一次會議，十四世達賴當選為人大副委員長。在這次全國人民代表大會上，達賴喇嘛根據自己幾年的觀察和感受說，「『共產黨、人民政府毀滅宗教』的挑撥離間的謠言，已經全部破產了，西藏人民已經切身體會到了他們在宗教信仰上是有自由的」。

西藏現有各類宗教活動場所一千七百八十七座，住寺僧尼四點六萬餘人，活佛三百五十八名。信教群眾家中普遍設有經堂或佛龕。僧俗信教群眾每年都組織和參加薩噶達瓦節等各種各樣的宗教和傳統活動，每年到拉薩朝佛敬香的信教群眾達百萬人次以上。藏傳佛教特有的活佛轉世的傳承方式得到充分尊重，寺廟學經、辯經、晉升學位、受戒、灌頂、修行等傳統宗教活動正常進行，每逢重大宗教節日都循例舉行各種活動。活佛轉世作為藏傳佛教特有的傳承方式得到國家的尊重。民主改革以來，已有六十餘名新轉世活佛按照歷史定制與宗教儀軌得到批准認定。

二〇一〇年，英國記者布蘭登入藏考察。同年七月二十九日，他在美國《基督教科學箴言報》上發表文章稱：「當你第一次來到西藏，你會對這裡藏民所享有的宗教自由留下深刻印象。曾聽英國自由西藏運動的活動人士稱，中國當局試圖『消滅藏族身分和文化』，然而，當我發現藏民實際上每天都能基本不受阻礙地從事宗教活動時，我感到非常驚奇和欣慰。」法國記者馬克西姆・維瓦斯也表示：「我作為無神論者，曾經在西

▲ 二〇〇七年六月九日，在北京國家圖書館舉辦的造紙印刷展上，首次展出北宋雕版印刷品《大藏經》。

藏對隨處可見的藏傳佛教寺廟和滿大街的僧侶感到異常驚訝（在我們這裡絕對不會容忍如此眾多的神父）。」[1]

　　為培養藏傳佛教高級宗教人才，十世班禪大師於一九八七年在北京主持創建中國藏語系高級佛學院。時光荏苒二十六載，一批批高僧在學院獲得「拓然巴」高級學銜，其中既有格魯派學員，也有寧瑪派、薩迦派、噶舉派、覺囊派等派別學員。拉薩開辦了西藏佛學院，就地培育佛學人才。

　　國家保護西藏的宗教文化遺產，傳承藏族文化。西藏和平解放之初，中央政府強調「保護寺廟中的文物古蹟和寺廟內佛像、佛經、佛塔、法器等；保護和維修寺廟的經堂、佛殿和房屋」。一九五九年六月，中共西藏工委發布《關於加強文物檔案工作的決定》，成立「中共西藏工委文物古

1　馬克西姆・維瓦斯二〇一〇年赴西藏參觀採訪，隨後出版了《達賴並非如此「禪」》一書，以犀利的筆觸揭露達賴喇嘛隱藏在表象背後的真面目。

蹟檔案管理委員會」，下設「文物管理小組」。中央政府組織對大量宗教文獻典籍搶救、整理、出版。藏文《大藏經》是藏傳佛教典籍的主要部分，包括的經書達 4500 多種。從 1986 年起，國家在中國藏學研究中心設立了「對勘藏文《大藏經》」項目，並在四川成都成立藏文《大藏經》對勘局，聘請了一批學識淵博的學者，對所有版本進行對勘精校。2011 年，這項浩大的工程完成，共計 232 卷，4570 部，全部由中國藏學出版社出版。藏文《大藏經》對勘、整理工作是有史以來的第一次。

各寺廟的傳統印經院也得到繼承和發展，現有木如寺印經院、布達拉宮印經院等大型傳統印經院近 60 家，年印經卷 6.3 萬種，民間經書銷售攤點 20 家。

寺院是文物保護的重點。長期以來，國家投入大量資金維修西藏的眾多寺院，保護和修繕寺院的壁畫、雕刻、塑像、唐卡、經卷、法器、佛龕等宗教文化載體。1989 至 1994 年，國家撥出 5300 萬元專款和黃金、白銀等貴重物資，對布達拉宮進行了首次保護維修。2001 至 2010 年，國家先後對大昭寺、色喀古托寺、扎什倫布寺、夏魯寺、小昭寺等重點文物進行維修保護，先後投入的文物保護維修資金達 20.4 億元。其中用於布達拉宮（二期維修工程）、羅布林卡、薩逸寺三大文物古蹟維修的費用達 3.8 億元。布達拉宮、大昭寺、羅布林卡已列入聯合國世界文化遺產名錄。

西藏現有各類文物點 4277 處，其中世界文化遺產 3 處、人類非物質文化遺產項目 2 個，全國重點文物保護單位 55 處，國家級非物質文化遺產項目 76 個，自治區級文物保護單位 224 處、非物質文化遺產項目 323 個。唐卡、藏香、藏紙、拉薩雪頓節……這些與宗教相關的古老而神祕的非物質文化遺產項目得以傳承，並展現出迷人風采。2013 年，全區的文

▲ 二〇一四年四月十二日，在河南省登封少林寺，釋永信方丈親率眾弟子來到山門前，迎接一部完整版的《清敕修大藏經》安奉少林寺。

化體育與傳媒支出 237398 萬元，其中文物保護資金 23271 萬元，扶持精品文藝創作、非物質文化遺產保護、基層文化及文化設施建設 17742 萬元。

傳承西藏非物質文化遺產，從娃娃抓起。拉薩市聘請了西藏大學著名教授編寫非物質文化遺產鄉土教材，在拉薩各學校推廣普及，培養孩子們對家鄉文化遺產的保護意識。

西藏教育系統推行以藏語文授課為主的雙語教學體系。截至 2012 年底，西藏實施雙語教學的小學在校學生 282914 人，占小學在校生總數的 96.88％；中學在校學生 177981 人，占中學在校生總數的 90.63％。現有

▲ 二〇一四年四月十六日，「娘本唐卡藝術展」亮相中國國家博物館。

雙語教師 23085 人，各級各類學校有藏語專任教師 3700 人。

　　藏民的其他文化權益也受到尊重。西藏有 14 種藏文雜誌、10 種藏文報紙。西藏人民廣播電台開辦有 42 個藏語（包括康巴語）節目、欄目，藏語新聞綜合頻率每天播音達 21 小時，康巴語廣播頻率每天播音 18 小時，西藏電視台藏語衛視 24 小時播出節目。2012 年，西藏自治區出版藏文書籍 780 種，印數達 431 萬冊。藏文是國家第一種具有信息技術信息交換用文字編碼國際標準的少數民族文字，信息技術的發展進一步推進了藏語文的推廣和使用。

第九章

中華文化國際影響力

為增進世界各國人民對中華文化的瞭解，中國政府與民間並舉，文化交流與文化貿易
並重，走出去與請進來並行，形成多層次、寬領域、全方位的文化交流開放格局，加
強國際傳播能力建設，推動文化產品和服務出口，擴大文化企業對外投資和跨國經
營，增強中華文化的國際影響力。

中華文化「走出去」戰略的提出

　　中國傳統文化的綿延性與凝聚力不僅舉世無雙，而且為人類的進步與發展作出了獨特的貢獻。《馬可·波羅遊記》中關於中國的見聞，激起了歐洲人對東方的熱烈嚮往。利瑪竇曾把儒家的重要經典翻譯成拉丁文，再通過拉丁文翻成法文、德文，在世界流傳。法國啟蒙思想家伏爾泰在《風俗志》中寫道：「讓我們首先注意一個民族，她在我們還沒有發明文字時，就已擁有一部以固定的語言連續記載的歷史了。」「歐洲王公及商人

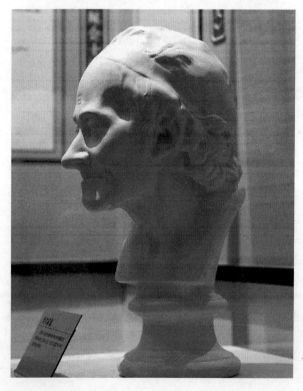

◀ 伏爾泰頭像，北京孔廟和國子監博物館

們發現東方，追求的只是財富，而哲學家在東方發現了一個新的精神和物質的世界。」他稱頌中國文化，並寫作了反映中國文化的劇本《中國孤兒》。十九世紀法國著名作家巴爾扎克也對中國文化十分偏愛和欣賞，在長篇小說《幻滅》中，大段敘述了中國的造紙和印刷術。他還撰寫洋洋萬言的論文《中國，中國人》，表現對中國文化的熱忱和欣賞。英國自然科學史專家李約瑟的《中國科技史》全面介紹了中國古代的科技思想和科技水平，指出包括火藥、指南針、造紙和數學的概念，為歐洲人開啟科技新時代提供了新思維。他還認為，沒有中國文明，西方文明不會走到今天這一步，或至少還要晚幾個世紀。此外，中國的園林建築、服飾、風俗等也被當時的歐洲人所效仿。

新中國成立後，積極建設新文化的同時也開拓對外文化交流。一九七一年中國恢復在聯合國的合法席位後，對外文化交流擴大。改革開放後，中國逐步開展全方位的對外文化交流，積極學習借鑑世界文化優秀成果、引進先進的文化科技與經營管理理念及機制，充實和豐富了中華文化，沒有對外開放，就沒有當代中國文化的繁榮發展。

但是，中西方文化的差異明顯。中華文化推崇「和合」思想，強調求同、中庸、仁義、和諧等整體性訴求，與西方文化崇尚個人價值的理念不同。文化背景、社會制度、意識形態和思維方式的不同，使得中西方文化的碰撞是不可避免的。儘管中國是世界上許多國家重要的貿易夥伴，經濟上的相互依賴不斷加深，然而，在一些國家和地區仍存在著所謂「中國威脅論」「中國崩潰論」「資源掠奪論」等。在世界文化交流、交融、交鋒日益激烈的背景下，中國需要彌補以往交流的不足，通過廣泛的國際文化交流，擴大與世界各國的相互了解和共識，增進信任和友誼，尤其是增進

國際社會對中國基本國情、價值觀念、發展道路、內外政策的了解和認識，為中國發展營造有利的國際環境。這是中華文化「走出去」戰略的背景。

一九九七年，中共中央正式提出文化「走出去」戰略。進入二十一世紀，文化自覺逐步成為共識，中國加入世貿組織，也為中華文化走向世界

▲ 二〇一三年十一月四日，國家漢辦設在湖北經濟學院的漢語國際推廣中華飲食文化培訓基地迎來首批十二名法國學員。這批學員是法國熊貓會會員。

提供了更加廣闊的平台。隨著中國經濟的持續發展，綜合國力大幅攀升，中國進一步明確了文化「走出去」政策的基本思路和框架，二〇〇五年七月出台的《關於進一步加強和改進文化產品和服務出口工作的意見》和二〇〇六年頒布的《關於鼓勵和支持文化產品和服務出口的若干政策》，標誌著中國文化走出去的政策初步形成。二〇一〇年文化部制定了《促進文化產品和服務「走出去」2011—2015 年總體規劃》，制定了促進文化產品和服務出口的目標、任務和保障措施，大大加快了文化走出去的步伐。二〇一二年十一月，中共十八大報告重申：擴大文化領域對外開放，積極吸收借鑑國外優秀文化成果。同時，在更加開放的環境中發展中華文化，增強民族文化的認同與自信。

▎豐富文化交流載體

自二十一世紀初開始，中國同世界保持著全方位、多層次和寬領域的文化交流，採取了政府主導、企業主體、市場運作、社會參與的方式，擴大對外文化交流，豐富了文化交流的載體。

中國政府與外國政府間建立了文化交流機制與制度，積極開展各類文化交流。目前，中國與一百六十多個國家和地區保持著良好的文化交流關係，與一百四十九個國家簽訂了政府間文化合作協定，與九十七個國家簽訂了八百多個年度文化交流執行計劃，與近千個國際文化組織和機構進行文化交往，並在海外九十九個國家設有一百多個使領館文化處（組），已

▲ 為慶祝中法建交五十週年，由北方崑曲劇院排演的經典崑曲劇目《牡丹亭》於二○一四年六月二十五日晚在巴黎皮爾卡丹劇院上演。

建成巴黎、柏林、東京等十四個海外中國文化中心。

中外文化交流熱不斷升溫，中國與許多國家相互舉辦了「文化年」「語言年」「旅遊年」「文化節」「藝術節」「電影節」「國際圖書博覽會」等各類大型文化交流活動。從二〇〇三年中法兩國舉辦「中法文化年」開始，中國與英國、美國、俄羅斯、義大利、印度等國家都成功地舉辦了「文化年」活動。該活動涉及政治、經濟、科技、文學、藝術、教育等各個領域，加深了各國的相互了解，增進了中國與世界各國人民的友誼。「相約北京──2008」活動與北京奧運會緊密配合，引進八十多個國家和地區的一百一十個國際藝術團體，近萬名藝術家參與其中，觀眾規模超過三百萬，是新中國成立以來規模最大的國際文化交流活動，成為「人文奧運」的最佳註腳。中國境外各種形式的中國電影展（周）每年約五十次，展映中國影片四百多部次。在柏林電影節、好萊塢電影節、戛納電影節等活動中，中國電影人亮相的機會也越來越多，不少中國影片在重要的國際電影節上獲得獎項。

中國對外文化交流的載體豐富，代表性的項目有：

孔子學院

中國文化走出去的一大障礙是語言，為此中國實施了以語言教學與推廣為重點的孔子學院發展規劃。二〇〇四年十一月二十一日，中國在韓國首爾揭牌成立全球第一家非營利的教育機構孔子學院。目前中國已在一百二十多個國家建立了四百四十所孔子學院和六百四十六個中小學孔子課堂，註冊學員達八十五萬人。中國每年選派約一萬名漢語教師和志願者到各國孔子學院任教。孔子學院總部出版了四十五種語言對照的核心教材，

▲ 二〇一四年四月二十八日，塞內加爾首都達喀爾的波爾多工商管理學院舉辦中國文化日活動，高校師生穿上華麗的中國少數民族服裝，走了一場別開生面的時裝秀。

向一百三十六個國家配送和銷售教材圖書一千二百多萬冊，支持各國孔子學院編寫本土教材。二〇〇九年，孔子學院總部開始發行八個語種的中外文對照雙月刊《孔子學院》。網絡孔子學院開通四十六個語種，註冊用戶覆蓋一百二十五個國家。同時，孔子學院總部積極開展文化傳播活動，組織「漢語橋」大中學生中文比賽、文藝巡演、教材巡展、名家巡講等活動上萬場次，受眾五百多萬人；邀請各國教育官員及大中小學師生訪華，親身體驗中華文化。孔子學院既是漢語國際傳播的重要機構，也是拓展中外友誼的橋樑，同時還是讓世界認識中國的一個窗口。

孔子學院師資除了由中國各級各類學校選派教師及志願者外，還大力培養本土師資，共為八十多個國家培訓漢語教師十萬人次，幫助本土教師加深對中國文化的瞭解，根據各國文化背景和目標需求，為不同人群提供

有針對性的高質量教材；同時加強與國外漢學機構的互動，鼓勵社會組織、中資機構、海外僑胞參與孔子學院建設，承擔人文交流項目，豐富孔子學院的內容。

世界上已有四十二個國家和地區將漢語教學納入本國國民教育體系。全球學習漢語的人數快速攀升，目前已達到約五千萬人。二〇一三年十二月初，英國首相大衛・卡梅倫在結束為期三天的訪華行程後表示，英國的年輕人今後應集中精力學習漢語，以改變英國漢語普及率低的狀況。

中國圖書對外推廣

圖書是文化的重要載體。在一九七八年前的三十年間，中國共用四十

▲ 二〇〇六年五月十二日，首屆中華版權國際合作推進會在長沙開幕，「中國圖書對外推廣計劃」專場是這次活動的一大亮點。

四種外文翻譯出版了 13 個大類的中國文化圖書，總品種數量為 9356 種，內容以政治文獻等為主體，中國現當代文學作品、傳統文化藝術為輔。1980 年至 2009 年，翻譯成各個外語語種出版的中國圖書累計共有 9763 種。最顯著的變化是譯介的內容，中國人文歷史、各地地理風光的圖書成為首選，達到 2426 種，政治法律類的退居第二，另外還有藝術類，文化、科學、教育、體育類，中國文學類，中國經濟類、語言文字類、中醫藥類、哲學宗教類等。

「中國圖書對外推廣計劃」（CBI）於 2004 年啟動，該計劃支持國內外出版機構在國際市場出版中國主題圖書。此外，2009 年中國又啟動了文化著作翻譯出版工程，以重點資助學術經典和文學經典著作對外出版發行。2012 年底，該工程共與 61 個國家的 486 家出版機構簽署 1095 項資助協議，涉及 38 語種 2201 種圖書。「中國圖書對外推廣計劃」還將推動中國的數字出版「走出去」。中國出版物國際營銷渠道拓展工程實施三年以來，一批優秀圖書進入全球 3000 多家主流實體書店銷售網絡，數十萬冊中文圖書在全球 100 多家華文書店銷售。2005 年，中國設立了「中華圖書特殊貢獻獎」，已有 10 多個國家 34 位作出突出貢獻的翻譯家、作家和出版人獲此殊榮。2013 年 8 月，第七屆中華圖書特殊貢獻獎授予埃及翻譯家穆赫森・賽義德・法爾加尼、美國作家傅高義、阿根廷作家馬豪恩、瑞典翻譯家陳安娜、印度尼西亞出版家楊兆驥、義大利翻譯家蘭喬第等 6 位專家。

「歡樂春節」活動

春節是中國最重要的民俗節日，蘊含著中國文化中重視親情友情、對

自然的感恩與崇敬、追思先人和重視傳統的文化品格，記錄風土人情的發展嬗變，充滿歡樂與溫情。二〇一〇年一月，文化部等多部門組織開展了首屆海外「歡樂春節」活動。二〇一四年，第五屆海外「歡樂春節」項目總量達五百零六個，覆蓋全球一百零三個國家和地區的二百九十四座城市。內容、渠道和形式多樣，既包括劇場演出、綜藝表演、廣場巡遊、文化廟會、慰僑歡慶、文博展覽、民俗展演、知識競賽、圖書展銷、旅遊推介等傳統類型，也重點開發出春節音樂會、電視春晚等子品牌項目，還提煉和推介包括流行音樂、時尚展示、珠寶設計、動漫大賽、創意設計徵集、春節文化產品開發推廣等項目，並通過數字、網絡、移動終端等平台，介紹「歡樂春節」活動情況和中國春節文化知識，與當地民眾共同分

▲ 二〇一三年一月八日，郎朗新年音樂會在安徽省蕪湖市舉辦。

享中華民族傳統節日的快樂，成為中外人文交流的重要橋樑和紐帶。

　　中國人民對外友好協會、中國人民外交學會、中華全國婦女聯合會、全國青年聯合會以及各類文化教育機構、文化藝術院團和廣大海外僑胞在民間文化交流中發揮著積極作用。各種形式的高峰論壇，使思想文化的對話與交流更加深入，增進了中國同世界人民之間的理解和認同。一些文化菁英以自身的形象詮釋中華文化。國際功夫電影巨星成龍所塑造的人物形像已經成為一種文化符號，他在銀幕下也展現了華人的智慧、包容和善良，被福布斯雜誌評為全球十大慈善名人之一。中國青年鋼琴家郎朗以音樂演繹文化，被稱為「極具特色的中國名片」。

中國媒體的海外傳播能力提升

近年來，以《人民日報》、新華社和中國中央電視台、中國國際廣播電台等國家媒體為代表的中國媒體在海外影響力日益擴大。

中國中央電視台於一九五九年製作的《今日中國》是電視媒體傳播中國文化的開端，之後的《絲綢之路》《中國步伐》《話說長江》《黃河》《同飲一江水》《美麗中國》等，讓世界感受到了新中國的魅力。二〇〇九年以來，中央電視台基本建成了覆蓋全球的新聞報導網絡，六個語種頻道落地入戶範圍達一百七十多個國家和地區。目前，中國國際廣播電台已經能用六十四種語言，通過調頻廣播、衛星電視、互聯網、移動終端等新的傳

▲ 北京朝陽路上的中央電視台新樓

播平台向全球傳播信息。中央人民廣播電台則加強了藏、維、哈語節目製作和在中亞國家的落地。二〇一二年五月二十八日，CIBN 互聯網電視正式上線商用，以視聽互動、資源共享、媒體融合為特色，由傳統媒體向現代綜合新型國際傳媒轉型。這些媒體以開放的姿態、共享的理念介紹中國美食、旅遊、文化，也回應國際社會對中國政治、經濟、社會等重要領域的關注，主動呈現真實的中國。中國國際傳播能力建設取得積極進展和明顯成效。

與西方強大的傳播能力相比，中國的國際傳播尚處在起步階段。中國媒體堅持傳統媒體與新興媒體並舉、軟件建設和硬件建設並重，加快形成與經濟社會發展水平和國際地位相稱的國際傳播能力，提高信息原創率、首發率、落地率，傳播中華文化，傳播中國聲音，全景式透視中國當今社會，告訴世界一個真實的中國，一個經歷了苦難正在快速變革的中國，一個直面發展中問題和挑戰的中國，讓不同文化背景的人們認識這個最大的發展中國家。

美國著名學者約瑟夫·奈認為，近年來，中國通過廣泛傳播獨特的文化來提高吸引力和影響力，使中國軟實力一直處於上升趨勢。二〇〇八年以來，西方國家對中國在汶川地震、北京奧運會尤其是金融危機中的表現，大多給予了肯定。二〇一一年二月，中國政府在利比亞事件中積極應對，理性處理，安全撤僑，西方媒體給予了廣泛好評。西班牙《國家報》評論說，這證明「中國是一個以人為本的國家」，法新社報導的標題是「中國熱切展示對在利比亞工人的關心」。

二〇一四年三月，中國領導人習近平訪問歐洲，全面闡述了中國文明的精髓和獨特的價值體系，講述了中國在近現代所經歷的苦難和勵精圖治

▲ 二○一四年六月五日，作為紀念中法建交五十週年的一項重要活動，「心靈對話——吳為山、克羅德・阿巴吉雕塑展」在法國巴黎中國文化中心隆重舉行。此次展覽不僅是兩位雕塑家心靈的對話，也是中法兩國文化藝術的對話。

的探索，都說明了中國文明獨特的價值、發展、挑戰和成績。中國文明源遠流長，有自身的發展規律和深厚的歷史淵源，不是可以隨意被遺棄和替代的；認識中國，要以客觀、歷史、多維的眼光，感知全面、真實、立體的中國。他在聯合國教科文組織總部發表演講指出，文明是多彩的，人類文明因多樣才有交流互鑑的價值。針對日本首相安倍晉三在歐洲提出「價值觀外交」思想，習近平在上海舉行的亞洲相互協作與信任措施會議第四次峰會上，呼籲拋棄冷戰思維、零和博弈，主張不同文明、不同宗教交流互鑑、取長補短、共同進步。

溝通和交流是理解的基礎。許多漢學家對中國都持客觀的態度。曾擔任哈佛大學東亞研究中心主任的傅高義有「中國先生」的稱號。他從一九六○年代開始研究中國，在調查研究的基礎上，先後出版了《共產主義下

的廣州》《先行一步：改革中的廣東》和《鄧小平時代》。傅高義在《鄧小平時代》一書的發布會上說，這是給外國人寫的「了解鄧小平和那個時代」的著作，希望西方世界更加了解中國。

法國漢學家雷米‧馬諸又教授喜愛中國文化與文學，他翻譯、註釋、評論、研究中國古代典籍，還專門撰寫了一部題為《牡丹鮮——西方人如何理解中國》的著作，以牡丹比喻中國說：「這朵鮮豔的牡丹——它的色彩、芳香與豔麗，已開始瀰漫全世界，它像徵著中國的影響已遍及全世界，其中首先是歐美西方。」他告訴西方讀者說：「當前的中國，是古老中國傳統與主要來自西方影響的現代因素結合演變的結果。兩種文明其實是走了一條相遇、相碰、衝突，而後交合、融匯、學習與交流的道路——這是一條有助於世界文明發展與進步的光明之道。」他認為，不同文明在相互碰撞和交流中，各自實現自我完善是可能的。世界將會是多樣的，但並不一定是你死我活。這就是中國的智慧：「和而不同」。中國文化的精髓是各美其美，美人之美，美美與共，天下大同。

二〇一四年六月十日，澳大利亞聯邦總理托尼‧阿博特在對美國的首次訪問中，在參加工商界活動時發表主旨演講，呼籲不要把中國的崛起視作威脅，並強調中國的經濟發展將惠及全球。

二〇一四年五月，法國政府高級視聽委員會（CSA）已正式批准「亞洲 8（Asia8）」電視台註冊申請，不日將正式開播。這是一家以在法華人、華僑和關注中國的法國人為收視對象的全天候電纜電視台，由對華友好的歷史學家和記者雷蒙‧沙堡任總編輯，將成為法國媒體傳播中國正面信息的一個重要平台。

對外文化貿易逆差縮小

　　經過三十多年的發展，中國文化貿易的形式和種類逐漸走向多樣化，在貿易內容方面，以圖書、音像製品、海外演出、電影等為主體。中國的雜技、戲曲和功夫經過多年的宣傳和推廣，已在海外市場贏得廣泛讚譽，越來越多的中華文化精品走出國門，成為國際演藝市場的成功案例。據統

▲ 二〇一三年十二月十三日，《雲南映像》升級版在雲南省昆明市首演。全新的 4D 技術讓背景更加逼真。

計，2004 年至 2010 年，中國對外文化集團公司共向全球近 80 個國家和地區派出演出團組 630 多個，演出 33000 多場，現場觀眾超過 7000 萬人次，其中商業演出超過 60%，實現直接貿易價值 5.5 億元。

中國電影是文化走出去的一個重要方面。新中國成立直到上個世紀 70 年代，中國電影大都囿於國門之內。上世紀 80 年代以來，中國電影開始更多走出國門，張藝謀等導演推動了中國電影發展的轉型。張藝謀導演的《英雄》2004 年 8 月在美國上映，連續兩週取得票房冠軍，全球票房 1.77 億美元。2004 年他拍攝的《十面埋伏》同樣取得成功，全球票房 9300 萬美元。在中國功夫片的帶動下，中國電影海外票房從 2002 年的 5 億元，提高到 2010 年的 35.17 億元。2004 年成立的中國電影海外推廣公司，為宣傳中國電影起到了重要作用。

2012 年，王家衛導演的《一代宗師》受到北美觀眾歡迎。《十二生肖》則創下華語片海外版權銷售的新紀錄，在俄羅斯、韓國、日本、西亞、中東、歐洲和北美等全球 26 個國家和地區上映，在登陸東南亞和俄羅斯時，均登上「頭七天」票房冠軍，獲得近年來較好的票房收入。

2008 年，中國有 1 萬多小時電視節目銷售到世界 100 多個國家和地區，出口金額共約 5898 萬美元。至 2010 年底，中國中央電視台國際頻道海外用戶超過 1.6 億。乘電視劇《媳婦的美好時代》在坦桑尼亞熱播東風，「中非影視合作工程」與 30 個非洲國家簽訂協議，2 年內將有 5000 多個小時的中國影視節目在非洲播出，覆蓋非洲 5 億觀眾。

經過 10 年努力，中國出版物版權輸出結構不斷優化，版權貿易逆差大為改觀，從 2003 年的 15：1 縮小到 2012 年的 1.9：1。新聞出版實物產品出口保持持續增長，2011 年累計出口金額 7396.6 萬美元，2012 年超

▶ 王家衛導演的《一代宗師》成為第六十三屆柏林電影節開幕影片。

過 1 億美元。中國印刷服務貿易順差明顯。印刷服務出口企業對外加工貿易達到 680.09 億元，珠三角、長三角、環渤海地區已經成為全球重要的印刷產業帶。

走向世界的中國報刊有《讀者》雜誌、《女友》雜誌、《人民日報》海外版、《中國日報》、《新民晚報》等。《中國日報》1983 年起在美國印刷發行，2012 年在美國以「中國企業年」為主題，讓美國社會更深入了解中國和中資企業。《讀者》海外版行銷全球 80 多個國家和地區。

中國原創網絡遊戲是新興行業，增長較快。2010 年，中國有 34 家網絡遊戲企業自主研發的 82 款網絡遊戲進入海外市場，實現銷售收入 2.3 億美元。2011 年，則增至 66 家公司共計 92 款，出口收益為 4.03 億美

元。2012年，已有超過131家遊戲企業，出口額達到5.7億美元。近5年來，中國網絡遊戲出口規模已經增長了8倍，並產生了一些有影響的品牌。

中國鼓勵文化企業對外投資和跨國經營，以獨資、合資、控股、參股等形式，在國外創辦文化企業，經營演出、會展、銷售等文化項目。中國天創國際演藝製作交流有限公司先後派出包括雜技、舞蹈、音樂、魔術和武術在內的30多個演出團隊，足跡遍及歐美，其大型劇目《功夫傳奇》融雜技、舞蹈、武術於一體，曾在英國倫敦大劇院連續上演27場。2009年12月，該公司購買了美國密蘇里州布蘭森白宮劇院，成為中國第一家在海外擁有產權劇場的文化公司。北京萬達文化產業集團以26億美元併購美國AMC影院公司，成為全球規模最大的電影院線運營商，占有全球近10％的市場份額。鳳凰傳媒全資子公司江蘇鳳凰教育出版社有限公司收購美國PIL公司擁有的全部童書業務資產及其海外子公司100％的股權，交易總投入約8500萬美元。本次交易就其規模來說，是中國出版行業有史以來最大的一次跨國併購。

10餘年間，中國已有39家新聞出版單位在境外通過新設、收購等方式設立出版業務的分支機構332個。

中國對外文化貿易的規模不斷擴大、逆差逐步減少。據統計，中國核心文化產品出口額由2003年的56億美元，增至2012年的259億美元。不過，中國對外文化貿易比重仍然偏低，文化產品出口額僅占貨物貿易出口額的1.26％，文化服務出口額僅占服務貿易出口額的2.55％。在國際文化市場上，中國僅占1.5％的份額，而美國高達42.6％。以2012年的電影為例，美國電影產量雖然只占全球電影產量的10.1％，但其本土票房為

▲ 二○一一年十月二十八日，在第九屆中國國際網絡文化博覽會上展出的互聯網引領中國文化「走出去」魔方。

108 億美元，海外票房則高達 239 億美元；中國電影票房排名世界第二，為 27 億美元，但其中的 51.54%、約 14 億美元則是美國的海外票房。這個差距相當巨大。演藝產品逆差也很大。中國引進和派出的文藝演出每場收入比約為 10：1。美、日等國的「洋卡通」長期占據著中國的大部分動畫消費市場。

文化產品內容為王，中國具有核心競爭力的文化品牌還不夠多，與中國世界貿易大國地位還不相稱。只有創作出更多蘊涵中國文化元素和精湛藝術的文化產品，才能在傳播中國文化精神的同時，獲得更大的文化貿易收益。在當今時代，中國故事是有吸引力的，動畫片《花木蘭》《功夫熊貓》讓世界充滿興趣。一個給世界 124 個國家提供最多外貿產品的當代中國是讓人注目的，中國人沒有理由不講好自己的故事，不提供給世界好的

知名文化品牌。

二〇一四年三月十七日，中國發布了《關於加快發展對外文化貿易的意見》，從信貸、債券、保險、擔保、外匯管理的金融支持，不僅支持和發展國有大型文化企業走向世界，也扶持和鼓勵非公有制外向型文化企業的發展，改變對外文化交流過度依賴政府的現象，使各類文化企業依靠自己的特色和優勢，在海外文化市場獨立生存和自主發展。面對撲面而來的重磅的文化產業政策，中國文化產業界人士信心滿懷地說「又一個春天來了」。如何不負「大好春光」，把中華文明豐厚遺產轉化為當代文化精品，並很好地學習西方成熟的市場運作模式，強化市場意識、營銷意識，熟悉和掌握現代營銷理念、市場規則。文化的競爭，比拼的將是精神的高遠、創意的精巧、設計的人性化、故事的情感性和「以人為本」的用戶體驗。只有真的了解文化、了解市場、了解需求，才能生產出具有高文化附加值的產品，才能提升企業的文化競爭力。

文化創新力是全球公認的文化硬通貨，如何使中國文化產品如工業產品一樣登陸全球與世界共享，中國需要更加努力。

　　文化是一個民族的血脈，也是一個民族滿懷自信走向未來的牢固根基。聯合國科教文組織制定的《文化政策促進發展行動計劃》指出：「發展最終以文化概念來定義，文化的繁榮是發展的最高目標。」文化在整個社會發展中作用可以概括為：「沒有文化的積極引領，沒有人民精神世界的極大豐富，沒有全民族精神力量的充分發揮，一個國家、一個民族不可能屹立於世界民族之林。」新中國成立以來，尤其是近十年來，中國致力於推動文化的發展與繁榮，從文化事業到文化產業、從文化內容到文化形式、從文化體制到文化管理，教育科技都實現了跨越式的發展和突破，實現了宗教和諧。中國不僅是政治大國、經濟大國，也躋身文化大國的行列，中國文化在海外的影響力也與日俱增。

　　但是，整體來說，中國文化發展的質量還不夠高，也不均衡。文化產業結構不盡合理，制約文化科學發展的體制機制障礙尚未完全破除，文化產品在滿足人民群眾多方面、多層次、多樣化的精神文化需求方面有較大的提升空間；需要科學精神和人文素養的交匯融通，需要基礎設施和充足投入，需要建立健全現代文化市場體系，進一步解放和發展文化生產力，提高文化產品和服務供給能力，促進基本公共文化服務標準化、均等化，

以形成有效的公共文化服務能力；在現代信息科技和傳播手段快速發展的新形勢下，要促進科技與文化的融合，加快與相關產業領域的多向交互融合，增加文化的創造力和輻射力。

當今的中國亟待提高文化軟實力。文化軟實力指的是一個國家或一個地區基於核心價值觀念並通過文化創造、文化生產、文化貿易、文化服務而形成的凝聚力、感召力和影響力。在內部，中國作為人類歷史上第一個規模超大且有悠久歷史傳統的國家，同時進行從農業社會向工業社會和城市化的社會轉型，這是一個世界級難題。中國用三十多年的時間，走完了西方上百年的經濟發展路程。在發展過程中難免出現一些問題，需要政府、社會和人民一起協同努力在發展中解決，也需要增強思想共識、文化認同，增強民族凝聚力和國家向心力。中國經濟結構轉型，需要教育科技支撐、文化產業助力，更需要理念創新。中國文化改革發展的中心環節是激發全民族的文化創造活力，一個文明進步的社會必然是物質財富和精神文化共同進步的社會，一個現代化的強國必定是經濟、政治、文化、社會、生態文明協同發展的國家。充分發揮文化引領風尚、教育人民、服務社會、推動社會發展的作用，具有積極現實意義。

在外部，中國重新成為國際舞台上的重要大國。中國以世界第二大經濟體地位成為推動世界經濟發展的新引擎。雖然中國對國際社會所作的貢獻越來越大，卻沒有受到相應的禮遇，還不時有對中國不客觀的負面聲音。這需要中國文化走出去，讓境外的人群了解中國的真實情況和中華文化的精髓，這個在歐洲強大之前一直按自己的方式發展，並享有世界之最的國家，追求整體和平發展是其特徵。二〇一三年八月六日，新加坡前總理、內閣資政李光耀發佈了《李光耀觀天下》一書，主要根據各國歷史和

過去幾十年來與世界各國幾代領導人打交道的經驗，對世界大局作出的觀察。他在有關中國的論述中說：「五千年來，中國人一直認為，只有中央強大，國家才能安全；中央軟弱則意味著混亂和動盪。每個中國人都理解這一點，這也是中國人的根本原則。西方一些人希望中國變成西方傳統意義上的民主國家，但這不會發生。中國是一個有著十三億人口的大國，文化和歷史都與西方不同，中國有自己的方式。」文明多樣性是人類社會的基本特徵，也是人類文明進步的重要動力。隨著中華文化的走出去，世界上更多的人群將進一步了解中華民族愛好和平、親仁善鄰的中華精神，從而化解對中國崛起的各種憂慮。

傳承民族優秀文化，並吸收借鑑世界優秀文化成果，以人文魅力和文化積澱構建與大國地位相稱的文化內核，根據時代發展的要求和人民需求的創新和發展中華文化，是中國文化現代化的題中之義，也是當代中國文化建設的使命。目前，文化建設成為中國舉國關注的事業，中國文化建設將在不斷創新中促進中國社會更加活躍、更加有序、更加和諧，人民更加幸福，在與世界求同存異、和衷共濟中實現「美人之美」「各美其美」，共同促進世界文化發展與繁榮。

新社會主義研究叢刊 AA201005

當代中國文化

作　　者　歐陽雪梅
責任編輯　陳胤慧
版權策畫　李煥芹

發 行 人　陳滿銘
總 經 理　梁錦興
總 編 輯　陳滿銘
副總編輯　張晏瑞
編 輯 所　萬卷樓圖書股份有限公司
排　　版　菩薩蠻數位文化有限公司
印　　刷　維中科技有限公司
封面設計　菩薩蠻數位文化有限公司

出　　版　昌明文化有限公司
桃園市龜山區中原街 32 號
電話　(02)23216565

發　　行　萬卷樓圖書股份有限公司
臺北市羅斯福路二段 41 號 6 樓之 3
電話　(02)23216565
傳真　(02)23218698
電郵　SERVICE@WANJUAN.COM.TW
大陸經銷　廈門外圖臺灣書店有限公司
　　　電郵　JKB188@188.COM

ISBN 978-986-496-427-7
2019 年 3 月初版
定價：新臺幣 320 元

如何購買本書：
1. 轉帳購書，請透過以下帳戶
　合作金庫銀行　古亭分行
　戶名：萬卷樓圖書股份有限公司
　帳號：0877717092596
2. 網路購書，請透過萬卷樓網站
　網址　WWW.WANJUAN.COM.TW
大量購書，請直接聯繫我們，將有專人為您
服務。客服：(02)23216565 分機 610

如有缺頁、破損或裝訂錯誤，請寄回更換

國家圖書館出版品預行編目資料

當代中國文化 / 歐陽雪梅著.-- 初版.-- 桃園
市：昌明文化出版；臺北市：萬卷樓發行,
2019.03
　冊；　公分
ISBN 978-986-496-427-7(平裝)

1.中國文化

541.262　　　　　　　　　　108003028